Alfred Voeltzkow

Entwicklung im Ei von Musca vomitoria

Alfred Voeltzkow

Entwicklung im Ei von Musca vomitoria

ISBN/EAN: 9783744638036

Hergestellt in Europa, USA, Kanada, Australien, Japan

Cover: Foto ©berggeist007 / pixelio.de

Weitere Bücher finden Sie auf **www.hansebooks.com**

Entwickelung im Ei von Musca vomitoria.

Von
Dr. PHIL. ALFRED VOELTZKOW
in Würzburg.

Mit Tafel I bis IV.

Die vorliegende Arbeit wurde angefertigt in den Monaten November 1887 bis Juni 1888 im zoologisch-zootomischen Institut der Universität Würzburg. Für freundliche Ueberlassung eines Platzes und Benutzung der Attribute des Instituts sage ich an dieser Stelle meinem verehrten Lehrer Herrn Professor Dr. C. Semper meinen herzlichsten Dank.

Zu dieser Arbeit wurde ich geführt durch meinen Freund Herrn Dr. Franz Stuhlmann, der bei seinen Untersuchungen über die Reifung des Arthropodeneies auch etwas weiter entwickelte Eier von *Musca vomitoria* geschnitten und einige Querschnittsserien über die Anlage der Keimblätter gezeichnet hatte. Er hatte die Freundlichkeit, da er durch seine Vorbereitungen für eine grössere wissenschaftliche Reise nach Sansibar verhindert war, die Untersuchung fortzusetzen, mir anzubieten, die Arbeit weiter fortzuführen und mir seine Präparate und Zeichnungen zur Verfügung zu stellen. Ich sage ihm dafür gleichfalls meinen besten Dank.

Bildung des Blastoderms.

Die Arbeiten über Bildung des Blastoderms bei Insecten anzuführen unterlasse ich an dieser Stelle, da schon Witlaczil[1]) in seiner Entwickelungsgeschichte der *Aphiden* über die einschlägige Literatur ausführliche Referate gegeben hat. Kurz sei hier nur bemerkt, dass sich die Arbeiten über Bildung des Blastoderms in zwei grosse Gruppen trennen lassen und zwar in solche, welche die Zellen des Blastoderms durch freie Zellbildung im Innern des Eies entstehen und in solche, welche dieselben vom Keimbläschen abstammen lassen. Ein Anhänger des ersteren ist Henking[2]) in seiner soeben erschienenen Arbeit über die ersten Vorgänge im Fliegenei und freie Kernbildung, auf die noch mehrfach zurück zu kommen ich mich genöthigt sehen werde.

Wie ich schon jetzt vorausschicken möchte, werden wir im Verlauf der Untersuchung sehen, dass im Gegensatz zu Henking und in Uebereinstimmung mit Blochmann die Bildung der Blastodermzellen vom Keimbläschen ihren Ursprung nimmt.

Ueber die Beschreibung eines so bekannten Objectes wie das Ei von *Musca vomitoria* kann man füglich ganz kurz hinweggehen; ausserdem entwirft schon Weissmann[3]) davon eine ganz genaue Schilderung. Das Ei hat eine mittlere Länge von 1,40—1,50 mm und eine mittlere Breite von 0,30. Man kann daran ein vorderes und hinteres Ende unterscheiden; das vordere ist schmäler und etwas mehr zugespitzt, das hintere breiter und stumpf. Nach der späteren Lagerung des Embryo im Ei kann man eine convexe Bauch- und eine gerade oder schwach concave Rückenseite unterscheiden. Das Ei ist umschlossen von einem starken Chorion und einer homogenen Dottermembran. Der Inhalt besteht aus Dotterkügelchen von verschiedener Grösse, die in ein feines Plasmanetz eingelagert sind. Das Keimbläschen liegt im vorderen Pol ungefähr an der Grenze vom ersten und zweiten Drittel des Eies.

Conservirt habe ich die Eier mit heissem Wasser von 70 Grad; gehärtet mit Alkohol, dann Chorion und Dotterhaut abpräparirt, in

---

[1]) E. Witlaczil: Entwickelungsgeschichte der Aphiden. Zeitschr. für wissenschaftl. Zool., Bd. 40.
[2]) Henking: Die ersten Entwickelungsvorgänge im Fliegenei und freie Kernbildung. Zeitschr. f. wissenschaftl. Zool., Bd. 46.
[3]) Weissmann: Entwickelung der Dipteren. Leipzig 1864.

Paraffin eingeschmolzen, die Schnitte mit Eiweiss aufgeklebt und auf dem Objectträger mit Borax-Carmin und Haematoxylin gefärbt.

Da wir über die ersten Vorgänge im Ei von *Musca romitoria*, Befruchtung, Auftreten der Richtungskörperchen u. s. w., die guten Untersuchungen Blochmanns[1]) besitzen, so bin ich darauf nicht näher eingegangen.

Die ersten Veränderungen im befruchteten Ei beschreibt Weissmann[2]) ganz richtig; der Dotter erleidet eine Zusammenziehung, in Folge dessen er etwas von den Eipolen zurückweicht, während sich seine Oberfläche mit einem dünnen Keimhautblastem überzieht.

Bei der Befruchtung dringen manchmal mehrere Spermatozoen in das Ei ein, und zwar wie Blochmann[3]) richtig bemerkt, nicht an der Spitze, sondern etwas hinter derselben. Den von denselben zurückgelegten Weg kann man genau verfolgen (siehe Fig. 2); man bemerkt dort den Spermakern umgeben von einem hellen Plasmahof und einen Plasmastreif, der den zurückgelegten Weg darstellt und bis zum äusseren Keimhautblastem reicht (siehe Fig. 3). In Fig. 2 enthält bloss der rechte Plasmastreif einen Spermakern. Es ist hier vielleicht der Ort, auf die Arbeit von Henking[4]) etwas näher einzugehen. Ich muss nun sagen, dass ich mich mit keinem der Resultate von Henking in Uebereinstimmung setzen, dagegen die Angaben Blochmanns nach jeder Richtung hin bestätigen kann. Ueberhaupt muss ich bemerken, dass ich mich mit der Art der Behandlung, die Henking seinen Fliegeneiern angedeihen lässt, absolut nicht befreunden kann. Henking gibt selbst an, er habe die Eier so abgetödtet, dass er dieselben einige Zeit in kochendes Wasser geworfen habe. Wer nun aber weiss, ein wie zartes Object Insecteneier sind, wird wohl ohne weiteres zugeben, dass, wenn so zarte Objecte förmlich gekocht werden, zu leicht Kunstproducte und vor allen Dingen Quellungserscheinungen hervorgerufen werden, wie ich selbst an derartig zu heiss behandelten Eiern bemerkt habe.

---

[1]) Blochmann: Ueber die Richtungskörperchen bei Insecten. Morphol. Jahrbuch XII, 1887.
[2]) Weissmann: Entwickelung der Dipteren.
[3]) Blochmann: l. c.
[4]) Henking: l. c.

Henking nennt die Furchungszellen oder Plasmahöfe, also die Furchungskerne, aus denen sich das Blastoderm bildet, einfach Dotterzellen, ohne einen Grund dafür anzuführen, ein Ausdruck, der durchaus nicht angebracht ist, da man in der Insectenembryologie, wie bekannt, etwas ganz anderes darunter versteht. Henking lässt in seiner Arbeit die Furchungskerne durch freie Kernbildung entstehen, z. B. aus den überflüssig eingedrungenen Spermakernen, aus den Richtungskörperchen u. s. w. Da ich nun von diesen Vorgängen nicht das Geringste bemerkt und meine Beobachtungen durchaus mit denen Blochmanns übereinstimmen, so werde ich auf die Arbeit von Henking [1]) nicht weiter zurückkommen.

Nach Austreten der Richtungskörperchen theilt sich der erste Furchungskern. Fig. 1 zeigt einen Querschnitt durch die beiden ersten Furchungskerne. Man erkennt in der Abbildung an der Peripherie des Eies eine homogene Zone, das äussere Keimhautblastem; links der Furchungskern ist umgeben von einem strahlig ausgezogenen Plasmahof; der rechte Kern beginnt sich zu theilen, wie man aus den Kerntheilungsfiguren ersieht. Fig. 2 zeigt ein Stadium mit vier Furchungskernen. Man bemerkt, dass dieselben nicht mehr im vorderen Drittel des Eies liegen, sondern nach der Mitte hingewandert sind, wie Kowalewsky [2]) schon richtig bemerkt hat, und sich nach nochmaliger Theilung ganz nah um das Centrum des Eies herum lagern. Dies ist ein Verhalten, welches ganz characteristisch ist. Die Lage des Keimbläschens im vorderen Eidrittel, in der Nähe des Mikropyle, ist für die Befruchtung von Vortheil, da es bei dieser Lage für die Spermatozoen mit weniger Schwierigkeiten verknüpft ist, zum Keimbläschen zu gelangen; später ist die Lage der Furchungskerne in der Mitte des Eies für eine gleichmässige Ausbildung des Blastoderms zweckentsprechender.

In derselben Figur sieht man am vorderen Pol zwei nicht zur Verwendung gekommene Spermatozoen. Man erkennt deutlich den von ihnen zurückgelegten Weg. In Fig. 3 (dasselbe Präparat mit starker Vergrösserung), sieht man den rechten Spermakern ganz deutlich, während der linke nicht mehr erkennbar ist. Später lösen

---

[1]) l. c.
[2]) Kowalewsky: Zur embryonalen Entwickelung der *Musciden*. Biologisches Centralblatt 1887, pag. 49.

sie sich im Dotter vollständig auf. Fig. 4 giebt einen Längsschnitt durch ein Stadium mit ungefähr 16 Kernen. Wenn die Kernvermehrung weiter vorschreitet, ordnen sich, wie Blochmann [1]) richtig bemerkt, die Kerne so an, dass sie auf dem Querschnitt einen Kreis, in Wirklichkeit also einen Cylindermantel bilden. Fig. 5 giebt davon einen Querschnitt. Aussen das äussere Keimhautblastem, in der Mitte die Kerne mit ihren Plasmahöfen, die durch Ausläufer miteinander in Verbindung stehen; hin und wieder die Kerne getroffen. Fig. 6 ist ein Flächenschnitt bei stärkerer Vergrösserung gezeichnet. Hat die Zahl der Furchungskerne mit ihren Plasmahöfen noch etwas zugenommen, so sieht man, wie sie langsam sich der Oberfläche des Eies nähern. Ein sehr treffendes Bild hat dafür Weissmann [2]) gebraucht, indem er bemerkt, die Kerne schienen an der Oberfläche zu steigen, wie wenn eine Luftblase aus der Tiefe an die Oberfläche des Wassers steigt. In diesem Stadium bietet das lebende und in Oel aufgehellte Ei im optischen Schnitt das in Fig. 15 gezeichnete Bild dar. Stets findet diese Wanderung der Furchungskerne mit ihren Höfen gleichmässig an allen Punkten des Eies statt, nicht dass dieselben etwa die Oberfläche an einer Stelle früher erreichen als an einer anderen, wie Weissmann und Kowalowsky [3]) behaupten. Wie Weissmann [4]) und Blochmann [5]) schon bemerkt haben, findet zu dieser Zeit oder etwas später eine ziemlich zu gleicher Zeit stattfindende Theilung der Kerne in tangentialer Richtung statt, wobei sich ihr hinteres Ende etwas in die Länge zieht. Haben die Furchungskerne das äussere Keimhautblastem erreicht, so verschmelzen ihre Plasmahöfe mit demselben, und die einzelnen Kerne werden durch von aussen nach innen eindringende Furchen gegeneinander abgegrenzt.

Man erhält in diesem Stadium auf Schnitten folgendes Bild. Zu äusserst das zukünftige Blastoderm, dessen Zellen durch Einschnürungen angedeutet sind; zwischen je zwei Einkerbungen liegt ein Kern. Die Zellen gehen nach dem Innern in das gemeinschaftlich

---

[1]) Blochmann: l. c.
[2]) l. c.
[3]) Kowalowsky: Zur embryonalen Entwickelung der *Musciden*. Biologisches Centralblatt. Bd. 6, pag. 49.
[4]) l. c.
[5]) l. c.

gegen den Dotter abgesetzte Plasma über. Wie schon früher erwähnt, ist der Dotter eingebettet in ein feines Plasmanetz. Zu dieser Zeit treten im Innern des Eies Anhäufungen von feinkörnigem Plasma auf, die durch Ausläufer miteinander in Verbindung stehen. Niemals kann man in ihnen einen Kern nachweisen. Sie stellen eben weiter nichts dar als Ansammlungen des Plasmas, in welches die Dotterzellen eingebettet sind. Die Anhäufungen scheinen sich zu vergrössern durch Auflösung von Dotterelementen, denn man erblickt hin und wieder Vacuolen, die vorher nicht zu sehen waren. Wie früher die Furchungskerne mit ihren Plasmahöfen, so fliessen diese Plasma-Ansammlungen nach der Peripherie des Eies zu. Fig. 7 zeigt einen Schnitt durch ein Uebergangsstadium. Die Blastodermzellen durch Einschnürungen angedeutet, nach unten das Plasma derselben scharf abgesetzt, diese Schicht bemerkbar durch ihre fast homogene Structur. Ein Theil des inneren Plasmas hat die äussere Plasmazone erreicht und steht nach innen durch Ausläufer mit den Plasma-Ansammlungen in Verbindung. Zwischen den Dotterkügelchen sieht man vereinzelt Vacuolen auftreten. Schliesslich fliesst alles Plasma an die Peripherie, legt sich an das Blastoderm an und bildet das, was Weissmann[1]) inneres Keimhautblastem nennt. Dasselbe ist, wie Blochmann[2]) richtig bemerkt, vom Blastoderm durch eine Schicht von Dotterkügelchen getrennt. Einen Längsschnitt durch dieses Stadium zeigt Fig. 8. Aussen die Zellen des Blastoderms angedeutet, dann folgt eine hellere Schicht, die trennende Dotterschicht, darauf das feinkörnige innere Keimhautblastem. Die Zellen, die sonst noch zu sehen sind an dem Präparat, werden später besprochen werden.

Während die Bildung des inneren Keimhautblastems derartig fortschreitet, sondern sich die Zellen des Blastoderms scharf von einander, auch nach unten erkennt man ihre Begrenzung, die durch eine dem Eirande parallel laufende Linie bezeichnet wird (siehe Fig. 12). Jede Zelle enthält einen blassen Kern mit einem oder mehreren Kernkörperchen, die immer an der äusseren, der Oberfläche des Eies zugewendeten Seite liegen. Die weiteren Veränderungen, die das Blastoderm erleidet, bestehen darin, dass sich die Zellen desselben

---

[1]) l. c. pag. 59.
[2]) l. c. pag. 561.

verlängern, indem sie den unter ihnen lagernden Rest des Plasmas in sich aufnehmen, sodass die Zellen jetzt eine Länge von 0,04 mm bei einer Breite von 0,006—0,009 mm erreichen. Sie sind von dem inneren Keimhautblastem durch die Dotterschicht getrennt. Fig. 13 ist ein Schnitt durch ein etwas späteres Stadium, in welchem die Blastodermzellen die Dotterschicht schon in sich aufgenommen haben, und dem inneren Keimhautblastem direct aufsitzen. Die Zellen des Blastoderms sind durch die Conservirung voneinander isolirt. Man erkennt in jeder Zelle deutlich den Kern mit dem auf der äusseren Seite befindlichen Kernkörperchen.

Das innere Keimhautblastem ist, wie ich noch nachträglich bemerken möchte, stets frei von Dotter. Blochmann[1] vergleicht es mit den stäbchenförmigen Elementen bei anderen Insecten; diese Deutung ist meiner Meinung nach hier nicht zutreffend; es ist weiter nichts als feinkörniges Plasma, welches zum Aufbau des Blastoderms verbraucht wird.

Im ferneren Verlauf der Entwickelung verlängern sich die Zellen des Blastoderms noch etwas auf Kosten des inneren Keimhautblastems. Schliesslich ist dasselbe vollständig verschwunden und das Blastoderm besteht aus einer einzigen Lage sehr langer prismatischer Zellen, die sich durch gegenseitigen Druck abgeplattet haben und auf dem Querschnitt oder von der Fläche gesehen sechseckig erscheinen.

Dotterzellen.

Von verschiedenen Autoren wurden bei Insecten nach der Bildung des Blastoderms im Innern des Eies Zellen, sogen. Dotterzellen, beschrieben, denen die Einen eine Betheiligung an der Bildung des inneren Blattes zuschreiben, während die Anderen diese Zellen bloss in Beziehung zur Auflösung des Dotters gebracht sehen wollten.

Wie Blochmann[2] für *Musca vomitoria* richtig bemerkt, findet man auch hier nach der Blastodermbildung einige Zellen im Dotter, und werden dieselben auch bei weiter entwickelten Embryonen angetroffen. Diese Zellen sind nicht, wie Blochmann meint, bei der Blastodermbildung im Dotter zurückgebliebene Furchungskerne

---

[1] l. c.
[2] l. c.

mit Plasmahöfen, sondern nehmen, wie wir gleich sehen werden, einen ganz anderen Ursprung und haben zur Bildung der Keimblätter oder des Mitteldarmepithels keinerlei Beziehung.

Bei der Bildung des Blastoderms treten am hinteren Pol des Eies die schon von Weissmann[1]) beschriebenen Polzellen auf, von denen später die Rede sein wird. Durch die mit der Ausbildung des Blastoderms gleichzeitig stattfindende Vermehrung der Polzellen wird ein Druck auf das Blastoderm ausgeübt, sodass sich dasselbe an dieser Stelle nach innen einbiegen muss, da auf der peripheren Seite der Polzellen keine nachgiebigen Wände, nämlich das Chorion und Dottermembran vorhanden sind. Legt man durch ein derartiges Stadium einen Längsschnitt, so erhält man das in Fig. 8 gezeichnete Bild. Man erkennt an der Peripherie des Eies das in der Bildung begriffene Blastoderm, darunter das innere Keimhautblastem, beide getrennt durch eine feine Dotterschicht. Am hinteren Pol die dunkler gefärbten Polzellen, die durch ihren Druck das Blastoderm nach innen getrieben haben; ausserdem eine Reihe von Zellen im Innern des Eies. Fig. 9, 10 und 11 sind drei aufeinander folgende Längsschnitte aus einer Serie durch diese Stelle des hinteren Poles.

Man sieht, dass das Blastoderm sich durch den Druck der Polzellen nach innen vorgewölbt hat und einen Zapfen bildet, der bis in das innere Keimhautblastem reicht, und dasselbe gleichfalls nach innen eingestülpt hat. Die Dotterzone reicht bis an den Zapfen und steht nicht mit der der anderen Seite in Verbindung. Im Zapfen sieht man nach innen wandernde Kerne der Blastodermzellen. In Fig. 9 liegen dieselben noch im Plasmazapfen, in Fig. 11 hat ein Kern das innere Keimhautblastem erreicht, ein anderer dasselbe halb durchwandert. Haben die Kerne das innere Keimhautblastem durchwandert, so beginnen sie undeutlich zu werden, verlieren ihr scharf umschriebenes Aussehen und erscheinen mir noch als einfache Höfe von Plasma. Diese Höfe dringen immer weiter in den Dotter ein und lagern sich längs der Achse des Eies in einer Linie, wie der Längsschnitt Fig. 8 zeigt. Sie scheinen sich später durch Theilung zu vermehren, auch meine ich hin und wieder Kerne in ihnen angetroffen zu haben; schliesslich trifft man eine ziemlich bedeutende Anzahl derselben im Dotter an.

---

[1] l. c.

Blochmann[1]) hat, wie oben erwähnt, diese Zellen gesehen, gibt aber an, dieselben blieben bei der Blastodermbildung im Dotter zurück. Schneidet man Eier, in denen das innere Keimhautblastem fertig gebildet ist und die Polzellen sich noch nicht stark genug entwickelt haben, um die Blastodermzellen am hinteren Pol nach innen vorzutreiben, so wird man niemals im Dotter Kerne oder Plasmahöfe antreffen; dieselben werden sämmtlich zur Blastodermbildung verbraucht. Es sind vielmehr, wie wir oben gesehen haben, vom Blastoderm losgelöste Elemente. Mit der Bildung der Keimblätter haben diese Dotterzellen absolut nichts zu thun, wie wir im Verlauf der Untersuchung sehen werden. Kowalewsky[2]) bemerkt von diesen Zellen im Dotter bei *Musca*, dass sie oftmals den Dotter in gewisse Zellenterritorien eintheilen: davon habe ich nichts bemerken können; es findet überhaupt bei *Musca* nicht die geringste Andeutung einer Dotterfurchung statt.

Ich möchte mich vielmehr der Ansicht von Kowalewsky und Anderen anschliessen, dass diese Zellen ausschliesslich dazu bestimmt sind, die schnellere Auflösung und den Verbrauch des Dotters zu bewirken, besonders da die Zellen im ganzen Verlauf der Embryonalentwickelung anzutreffen und nach der Bildung des Mitteldarmes jederzeit in dem von demselben umschlossenen Dotter aufzufinden sind.

Keimblätterbildung und Anlage des Enddarmes und Vorderdarmes.

Die zuerst eintretende Veränderung nach Beendigung des Processes der Blastodermbildung ist die, dass die Zellen der Bauchseite an Höhe gewinnen und auf diese Weise eine vom vorderen bis zum hinteren Pol reichende bandförmige verdickte Schicht des Blastoderms darstellen. Dies ist die erste Anlage des Keimstreifens und leitet den interessanten Process der Bildung der Keimblätter ein, der von Kowalewsky[3]) für Insecten bei *Hydrophilus* auf Grund der Schnittmethode zuerst beobachtet und später auch für *Musca* von demselben Autor kurz erwähnt wurde.

---

[1]) l. c.
[2]) l. c.
[3]) Kowalewsky: Embryologische Studien an Würmern und Arthropoden. Mem. de l'Academie des sciences de St. Petersbourg, VII. ser., Tom. 16.

Der von Kowalewsky und Heider[1]) beschriebene Vorgang der Rinnenbildung durch zwei seitliche Furchen, welche lateralwärts von einem schwach hervorragenden Wall begleitet sein sollen, habe ich bei *Musca romitoria* nicht beobachten können. Die im Keimstreif jetzt auftretende Rinnenbildung tritt nicht, wie Kowalewsky für *Musca* angibt, am vorderen Pole auf und breitet sich fortschreitend von vorn nach hinten aus, sondern es tritt die Rinnenbildung am vorderen und hinteren Ende des Eies früher als in der Mitte auf.

Zum Beweis dieser Behauptung betrachten wir Fig. 23—29, Taf. II, welche einer Querschnittserie entstammen. Wir beginnen beim vorderen Pol. Fig. 23 ist ein Schnitt durch das vorderste Ende des Eies. Wir erkennen daran sofort, dass der Keimstreif nicht ganz bis zum vorderen Pol sich erstreckt. Die nächstfolgende Fig. 24 ist ein Schnitt durch die Mitte des vorderen Drittels. Man erkennt deutlich auf der Ventralseite die Zellen des Keimstreifens, die sich bedeutend in die Länge gestreckt haben; gleichzeitig bemerkt man die beginnende Rinnenbildung, die in diesem Schnitt erst schwach angedeutet ist, im darauffolgenden Bild, einem Schnitt kurz hinter der Grenze vom ersten und zweiten Drittel des Eies, aber schon eine ganz beträchtliche Tiefe erreicht hat. Die Zellen des Keimstreifens haben sich keilförmig zugespitzt und lassen deutlich eine beginnende radiäre Anordnung erkennen, die wir später noch weiter ausgebildet finden werden, und welche, wie wir sehen werden, zur Bildung eines vollständig scharf abgesetzten Rohres führt.

Gehen wir die nach hinten folgenden Schnitte durch, so finden wir, dass die Rinne sich wieder verflacht, um ungefähr in der Mitte des Eies gänzlich zu verschwinden, wie Fig. 26 uns vor Augen führt. In dieser Figur ist keine Spur von Rinnenbildung mehr vorhanden; man erkennt den Keimstreifen an seinen langgestreckten Zellen; die dem Dotter zugewendete Seite der Zellen hat sich etwas nach innen gewölbt. Kurz hinter diesem Schnitt beginnt die Rinne wieder aufzutreten, zuerst ganz seicht, um sich nach hinten zu allmählich wieder zu vertiefen, um beim Beginn des hinteren Eidrittels ihre grösste Tiefe zu erreichen. Fig. 27 zeigt einen Schnitt durch diese Stelle. Die Zellen des Keimstreifens haben sich fächerförmig

---

[1]) Heider: Ueber die Anlage der Keimblätter bei *Hydrophilus*. Abhandl. d. kgl. preuss. Acad. d. Wissensch. zu Berlin 1885.

angeordnet um die Rinne, und diese sich dadurch zu einem fast geschlossenen Rohr zusammengelegt. Die Blastodermzellen an den Rändern der Rinne haben an Höhe beträchtlich eingebüsst und lassen sich deutlich von den Zellen der Rinne unterscheiden. Im Innern des Dotters bemerken wir einige Dotterzellen. Sehen wir die nun folgenden Schnitte durch, so erkennen wir, dass sich die Rinne nach hinten zu wieder verflacht, um in der Nähe des hinteren Poles vollständig zu verschwinden. Fig. 28, ein Schnitt aus dem hinteren Drittel des Eies, lässt die Rinne als seichte Einbuchtung noch erkennen. Fig. 29 ist ein Schnitt durch den hinteren Pol. Die Zellen des Blastoderms sind zum Theil tangential getroffen und zeigen ihre durch gegenseitigen Druck hervorgerufene sechsseitige Gestalt. Links bei pz erblickt man die Polzellen, die in diesem Stadium noch an dem Ort ihrer Entstehung liegen.

Die nun folgende Veränderung ist die, dass die Rinnenbildung auch im mittleren Theil des Keimstreifens auftritt, während gleichzeitig durch Faltenbildung des Blastoderms der Rückenseite der Keimstreif auf den Rücken des Eies hinübergezogen wird. Gleichzeitig mit dieser Faltenbildung des Blastoderms tritt die Abschnürung des Kopfabschnittes und das Zusammenlegen der Ränder der Rinne zu einem Rohr ein.

Betrachten wir diese Stadien in Bergamotöl aufgehellt, so erhalten wir Bilder, wie Fig. 17 u. 18 uns zeigen.

Fig. 17 ist das Ei in der Profilansicht. Man erkennt als äussere Begrenzung des Eies die Zellen des Blastoderms, darunter auf der Bauchseite links eine breite helle Schicht, das sind die Zellen des Keimstreifens; man sieht, dass der Keimstreif auf die Rückenfläche hinübergreift und wulstförmig endet. Am vorderen Drittel, schräg von links nach rechts verlaufend erblickt man die Anlage der Kopfabschnürung. Das dunkel gezeichnete ist der Dotter, welcher sich in Bergamotöl nicht aufhellt. Fig. 18 zeigt dasselbe Ei von der Dorsalseite. Man sieht wieder das Blastoderm, die Kopfabschnürung und den Dotter; am hinteren Pol den Keimstreif von oben, erkennt deutlich die Rinne, deren wulstförmige Ränder sich fast aneinander gelegt haben und an ihrem blinden Ende einen herzförmigen Ausschnitt zwischen sich frei lassen. Die auf dem Dotter sichtbaren helleren Linien sind Falten des Blastoderms und nicht etwa eine Andeutung einer Segmentirung, die erst in einem viel späteren Stadium auftritt, und zwar nicht auf der Rücken-, sondern auf der Bauchseite des Embryo.

Untersuchen wir die Querschnitte durch dieses Stadium, so finden wir, dass sich die Ränder der Rinne längs der Bauchseite des Eies fast bis zur Berührung genähert haben und die Rinne ein vom vorderen zum hinteren Pol verlaufendes, an der Ventralseite durch einen schmalen Spalt geöffnetes Rohr darstellen. Auf der Rückenseite haben sich die Ränder der Rinne gleichfalls, wie schon oben erwähnt, bis zur Berührung genähert, lassen aber am Ende des Keimstreifens bei *h*, Fig. 18 einen herzförmigen Ausschnitt zwischen sich frei. Fig. 20, Taf. II ist ein Schnitt durch diese Stelle. Man sieht auf der Ventralseite die zu einem Rohr umgestaltete Rinne, deren Zellen sich scharf von denen des Blastoderms unterscheiden lassen. Die Zellen des Blastoderms haben bedeutend an Höhe abgenommen. Auf der Dorsalseite ist der Keimstreif mit der Rinne getroffen, deren Ränder, wie wir schon bei der Betrachtung des aufgehellten Eies erfuhren, weit voneinander entfernt sind. In der Rinne liegen die Polzellen, leicht kenntlich an ihrer dunkleren Färbung.

Hier seien mir einige abschweifende Bemerkungen über die Polzellen gestattet. Ueber die erste Entstehung derselben ist es mir leider nicht gelungen, Klarheit zu verschaffen. Der Vorgang soll nach Weissmann[1]) und Kowalewsky[2]) so sein, dass bei der Wanderung der Furchungskerne an die Oberfläche einige Kerne am hinteren Pol die Peripherie des Eies früher erreichen als die anderen, das äussere Keimhautblastem durchsetzen und sich zwischen Dotterhaut und Blastem lagern. Es ist mir leider nicht gelungen, auf Schnitten diesen Vorgang zu beobachten. Stets fand ich die Furchungskerne auf ihrer Wanderung gleich weit vorgeschritten und konnte nie erkennen, dass einige Zellen am hinteren Pol den anderen voraus eilten.

Weissmann[3]) gibt selbst an, die Bildung der Polzellen und die Bildung der Keimhautzellen folge ganz dicht aufeinander, sodass es sehr schwierig sein würde, auf Schnitten gerade das gewünschte Stadium zu erhalten. Dass an der Stelle, wo die Polzellen ihrer späteren Lage nach entstehen müssen, das äussere Keimhautblastem

---

[1]) l. c.
[2]) l. c.
[3]) l. c.

sich zu einer dickeren Schicht anordnet, habe ich auf Schnitten beobachtet, aber wie gesagt, das Durchtreten der Polzellen selbst nicht. Sowie die Zellen des Blastoderms durch von aussen her auftretende Einschnürungen sich voneinander abzugrenzen beginnen, liegen die Polzellen als ein Haufen kugeliger Zellen am hinteren Ende des Eies, durch ihren Druck, wie schon oben beschrieben, die Zellen des Blastoderms zapfenförmig nach innen treibend. Nach der Bildung des Keimstreifens wandern sie mit demselben auf die Rückenseite hinüber und in die sich bildende Rinne hinein. Wir haben sie deshalb auch in Fig. 30 als dunkler gefärbte Zellen an der herzförmig erweiterten Stelle des Keimstreifens in der Rinne gefunden.

Wenden wir uns nach dieser Abschweifung zurück zur Betrachtung der nun folgenden Entwickelungsstadien.

Die Querschnitte durch etwas ältere Eier lassen uns eine wichtige Veränderung am Keimstreifen erkennen. Das vorher fast kreisrunde Rohr hat sich vollständig geschlossen und in dorsoventraler Richtung abgeplattet; es sieht aus, als ob die Wände der Rinnen zusammengefallen seien; zwischen den beiden Wänden oder Blättern lässt sich noch ein schmaler Spalt erkennen. Das Blastoderm hat sich über der Rinne soweit genähert, dass seine Zellen aneinander stossen, ohne jedoch miteinander zu verschmelzen. Man erkennt bei genauem Zusehen deutlich die ehemalige Einstülpungsöffnung. Durch diesen Vorgang, der soeben beschrieben wurde, wird die Sonderung der Keimblätter eingeleitet; man erkennt jetzt die äussere, das Ei begrenzende Schicht, das Blastoderm als Ectoderm, die Wände der zusammengefallenen Rinne als Ento-Mesoderm. Dieser Vorgang geht auf der Ventralseite rascher von statten als auf der Dorsalseite, wie Fig. 31 zeigt; man erkennt, dass sich auf der Rückenseite die Rinne zu einem Rohr umgewandelt hat und erst eine ganz geringe Andeutung einer Abplattung aufweist. In der Rinne sind die Polzellen sichtbar. Seitlich rechts bemerkt man im Blastoderm eine Falte, links bloss eine Einbuchtung, die erste Anlage des Amnion, wovon später die Rede sein wird. Im Dotter bemerkt man einige Dotterzellen.

Gleichzeitig mit der Sonderung der Keimblätter findet eine weitere Zusammenziehung des Blastoderms in Folge von Faltenbildung auf der Dorsalseite statt, sodass der Keimstreif noch weiter nach dem Rücken hinüber gezogen wird. Fig. 19 a und b zeigt von diesem Stadium die aufgehellten Bilder. Gegen das in Fig. 17 gezeichnete Ei fällt sofort die starke Faltenbildung auf der Rückenseite in's Auge. Fig. 19 a ist die Seiten-, Fig. 19 b die Rückenansicht. Der Kopftheil des Embryo ist stärker abgesetzt, der Keimstreif weiter nach dem Rücken hinauf gezogen und reicht bis über die Grenze vom letzten Drittel hinaus. In der Seitenansicht bei *ed* erblickt man eine hellere Stelle, als ob dort der Dotter zurückgedrängt worden sei. Das ist auch thatsächlich der Fall. Der Keimstreif hat sich an dieser Stelle tiefer eingestülpt, als erste Anlage des Enddarmes. Betrachten wir jetzt die diesbezüglichen Querschnitte und beginnen wir der Bequemlichkeit halber diesmal am hinteren Pol. Fig. 37 ist ein Schnitt, gelegt ziemlich am hinteren Ende des Eies. Auf der Ventralseite haben sich die Keimblätter vollständig voneinander gesondert, das Ectoderm über Ento-Mesoderm sich fest geschlossen. Zwischen beiden Blättern bemerkt man zwei Zellen, durch deren Lage die frühere Einstülpungsöffnung angedeutet wird; dieselben haben weiter keine Bedeutung, sondern verschmelzen später mit dem mittleren Blatte. Auf der Dorsalseite ist die Rinne getroffen als oben geschlossenes ovales Rohr, in sich die Polzellen enthaltend. Fig. 36, ein paar Schnitte weiter nach vorn, zeigt ungefähr dasselbe Verhalten, nur ist das Rohr hier noch nach aussen geöffnet. Im Innern des Rohres wieder ein paar Polzellen. An dieser Figur bemerken wir auch die erste Anlage des Amnion in Gestalt zweier seitlicher Falten bei *am*. Seine weitere Entwickelung werden wir bei den folgenden Studien besprechen. Hier sei nur soviel bemerkt, dass das Faltenblatt bei *Musciden* nicht den ganzen Keimstreifen bedeckt, sondern wie Weissmann[1]) und Kowalewsky[2]) richtig bemerken, nur einen kleinen auf dem Rücken gelegenen Theil, und direct zur Rückenwand des Embryo wird, ein Vorgang, von dem später ausführlicher die Rede sein wird.

Fig. 35, einige Schnitte weiter nach vorn, ist in gewisser Beziehung sehr interessant, da hier die erste Anlage des Enddarmes sichtbar ist. Wir sehen, dass die Rinne des Keimstreifens tiefer geworden ist, eine nach innen gerichtete Einstülpung zeigt und einige

---
[1]) l. c.
[2]) l. c.

Falten aufweist. Die Wände des Rohres setzen sich also direct in die Wandung des Enddarmes fort. Seitlich am Ei Faltenbildung, die später wieder verschwindet. Im nächsten Schnitt erkennen wir, dass sich das Ectoderm über dem Keimstreif geschlossen hat, sonst ist das Bild dasselbe wie die früheren. In Fig. 33 ist das Keimstreifende getroffen, welches im nächsten Schnitt verschwindet. Fig. 32 ist ein Schnitt durch die Mitte des Eies. Betrachtet man die darauffolgenden Schnitte bis zum vorderen Pol, so erkennt man, dass von einer Anlage des Vorderdarmes in diesem Stadium noch nichts zu bemerken ist, ebensowenig wie im darauffolgenden, welche wir gleich betrachten werden. Die Anlage des Enddarmes geschieht also bedeutend früher als die des Vorderdarmes.

Da Kowalewsky[1]) in Bezug auf die Anlage des Vorder- und Hinterdarmes anderer Meinung ist als ich, so werde ich zum besseren Verständniss seine Schilderung wörtlich wiedergeben: „Die erste Erscheinung nach der Schliessung der Rinne und dem Zerfall in eine gemeinschaftliche Anlage des Ento-Mesoderms ist die Spaltung dieser beiden Blätter. Diese Spaltung oder Theilung geht in folgender Weise vor sich. Am Kopftheil des Keimstreifens, nicht weit vom vorderen Ende des Körpers bildet sich eine Einstülpung des Ectoderms, welche die Anlage des Vorderdarmes darstellt. Diese Einstülpung, soweit dieselbe nach innen wächst, verdrängt den vorderen Theil des inneren Blattes, welches aufgehoben wird und in Form eines Uhrglases in den vorderen Theil des Dotters eindringt. Dieser uhrglasförmige Theil des unteren Blattes (Ento-Mesoderm), indem er von dem sich einsenkenden Vorderdarm aufgehoben wird, theilt sich vom primitiven unteren Blatte und stellt jetzt eine selbstständige Anlage, nämlich die vordere Hälfte des Entoderms dar. Ein ganz ähnlicher Vorgang vollzieht sich auch auf dem hinteren Ende des Keimstreifens. Dort nämlich senkt sich auch der Hinterdarm ein und drängt einen Theil des primitiven unteren Blattes vor. Diese vorgedrängte Parthie theilt sich beim weiteren Vordringen auch vom primitiven unteren Blatte ab und bildet die hintere Anlage des Entoderms. Das Entoderm besteht also zu dieser Zeit aus zwei uhrglasförmigen Anlagen, eine am vorderen,

---

[1]) Kowalewsky: Beiträge zur embryonalen Entwickelung der Musciden. Biologisches Centralblatt, Bd. 6, pag. 50.

die andere am hinteren Ende des Keimstreifens. Mit ihren ausgewölbten Theilen sind diese Anlagen nach den respectiven Enden des Keimstreifens gerichtet und mit deren Rändern gegeneinander. Von vorn und hinten umgeben dieselben den Dotter und wachsen gegenseitig einander zu, bis sie einander begegnen, verschmelzen und den Dotter vollständig einschliessen. Das gegenseitige Wachsthum der uhrglasförmigen Anlagen des Entoderms geschieht aber nicht ganz gleichmässig auf den Rändern der Anlage, sondern wie von vorn so auch von hinten treten von jeder Anlage zwei Auswüchse hervor, welche, dem Rande des Keimstreifens folgend, schneller wachsen und sich früher begegnen als die anderen Theile des Entoderms."

Ich habe diese Beschreibung Kowalewskys so ausführlich wiedergegeben, weil es sich hier zwischen uns um eine Verschiedenheit in der Bildung des Entoderms und des Mitteldarmes handelt und ich desshalb noch mehrfach im Lauf meiner Untersuchung darauf zurückkommen werde.

Kowalewsky behauptet also, die Anlage des Enddarmes erfolge so, dass nach Schliessung der Rinne am hinteren Ende des Keimstreifens eine Einstülpung erfolge, durch die das Ento-Mesoderm nach innen vorgedrängt wurde. Das ist nicht der Fall, wie wir gesehen haben. Am hinteren Theil des Keimstreifens haben sich zur Zeit, wenn die Entodermanlage erfolgt, die Ränder der Rinne noch nicht geschlossen, noch viel weniger die Röhre abgeplattet und vom Ectoderm gesondert, sondern der Enddarm legt sich an durch Auseinanderweichen der Ränder der Rinne und Vertiefung oder Einstülpung in den Dotter hinein, ein Verhalten, welches wir sogleich weiter verfolgen werden, und welches, wie wir später sehen werden, für die Anlage des Vorderdarmes gleichfalls characteristisch ist.

Es ist bei dieser Anlage des Vorder- und Enddarmes gar nicht möglich, dass das innere Blatt als Ento-Mesoderm nach innen vorgestülpt wird, besonders da die Sonderung der Blätter des Keimstreifens an dieser Stelle noch gar nicht stattgefunden hat und die Rinne des Keimstreifens sich noch nach aussen nicht abgeschlossen hat.

Kowalewsky[1]) sagt ferner, durch diese Einstülpung des Vorder- und Mitteldarmes werde das untere Blatt uhrglasförmig

---

[1]) l. c.

aufgehoben, und zwar so, dass die Uhrgläser mit ihren ausgewölbten Theilen nach der Einstülpung und mit ihren Rändern gegeneinander gerichtet seien. Wie dieser Vorgang stattfinden könnte, habe ich vergeblich versucht, mir klar zu machen. Wenn es umgekehrt sein sollte, könnte ich es mir vorstellen. Ausserdem ist aber, wie wir sehen und auch ferner bestätigt finden werden, von alledem nichts zu bemerken.

Gehen wir nun zur Besprechung des nächstfolgenden Stadiums über und nehmen wir zunächst das aufgehellte Bild Fig. 20 a u. b zur Hand. Wir erkennen sofort, dass der Keimstreifen noch mehr auf die Rückenfläche hinübergezogen ist, und fast bis an die Grenze des vorderen Drittels reicht. Der Kopfabschnitt hat sich schärfer abgesetzt und lässt eine Sonderung im einzelnen Abschnitte erkennen. In der Rückenansicht, Fig. 20 b bei ed, erkennen wir deutlich die Einstülpung des Enddarmes, also mit anderen Worten die spätere Afteröffnung, die bei dem Vorschreiten des Keimstreifens am Rücken hinan gleichfalls mit nach vorn gezogen worden ist. Oberhalb der Afteröffnung ist eine Zellenschicht durch ihre grössere Helligkeit ausgezeichnet, die wagerecht von rechts nach links verläuft, und sich an ihren beiden Enden schräg nach hinten wendet, um in der Nähe des hinteren Drittels zu verschwinden. Dies ist das Amnion, dessen Ausbildung bei der zu diesem Stadium gehörenden Querschnittsserie besprochen werden wird.

Eine Serosa fehlt, wie Mecznikow[1]) schon richtig erwähnt, bei *Musca* vollständig.

Fangen wir bei der Betrachtung der Schnitte wieder am hinteren Ende des Eies an. Fig. 44 ist ein Schnitt, gelegt durch die Mitte des Eies. Auf der Dorsal- und Ventralseite die Keimblätter, die sich vollständig voneinander gesondert haben; das mittlere Blatt ist noch nicht gänzlich zusammengefallen, sondern lässt zwischen sich noch einen schmalen Spalt unterscheiden. In der Mitte des Eies finden wir im Dotter einen Haufen von Zellen, dies ist das hintere Ende des Enddarmes, welches tangential getroffen ist. Seitlich erkennen wir an der Peripherie des Eies, rechts undeutlich, links deutlich eine Falte, das ist die Amnionfalte, die in den nach hinten folgenden Schnitten allmählich verschwindet.

---

[1]) Mecznikow: Embryologische Studien an Insecten. Zeitschr. für wissenschaftl. Zool., Bd. 16.

Im nächsten Bild, Fig. 43, ein paar Schnitte weiter nach vorn, sind die Amnionfalten schärfer abgesetzt und haben sich ein wenig gegen einander gekrümmt. Der Enddarm ist deutlich sichtbar als Rohr, welches mit der Keimstreifrinne in Verbindung steht, der Keimstreif selbst vom Ectoderm scharf abgesetzt. Betrachten wir die nächstfolgenden Schnitte, Fig. 42, so finden wir, dass die Amnionfalten sich immer mehr erheben und sich stark gegeneinander neigen, um in späteren Schnitten sich über den Enddarm zu schliessen. Wir erkennen an dieser Figur ausserdem, dass sich der Enddarm durch den Keimstreifen hindurch nach aussen öffnet, er also seiner Anlage nach weiter nichts ist, als eine Vertiefung, der nach dem Rücken zu noch nicht geschlossenen Rinne des Keimstreifens. Ein paar Schnitte weiter nach dem vorderen Pol zu haben die Falten des Amnion sich bis zur Berührung genähert und verschmelzen in Fig. 41 miteinander; das Amnion wird, wie Kowalewsky[1]) richtig bemerkt, direct zur Rückenwand des Embryo. Der Enddarm schliesst sich nach oben zu ebenfalls und liegt mit seiner äusseren Wandung dem Amnion dicht an. Die Blätter des unteren Blattes zeigen die, später deutlicher sichtbar werdende Verschmelzung miteinander. Fig. 40 hat den Enddarm etwas weiter nach vorn getroffen, kurz vor seinem oberen blinden Ende. Aus Fig. 41 und 42 ist noch nachzutragen, dass im Enddarm die Polzellen liegen, die hier aus der Rinne in den Enddarm hinein gewandert sind. Wir werden sie an dieser Stelle auch später noch vorfinden. Fig. 38 und 39 sind Schnitte durch den Kopftheil des Embryo. Der Keimstreifen mit seiner Rinne lässt noch keine Andeutung einer Einstülpung für den Vorderdarm auffinden; auf der Ventralseite starke Faltenbildungen sichtbar, die Anlage der Mundwerkzeuge, deren Entstehen und weitere Ausbildung ich nicht studirt habe.

Die Zellen aus den bis jetzt beschriebenen Stadien lassen in sich fast immer hellere Stellen erkennen, es ist Dotter, den die Zellen in sich aufgenommen, gefressen haben.

Es bleibt uns jetzt noch übrig, zum besseren Verständniss unserer Querschnitte und des aufgehellten Bildes, noch einen Längsschnitt, und zwar einen Verticalschnitt durch die Längsachse des Eies aus diesem Stadium zu besprechen, wie ihn Fig. 14 darstellt.

---

[1]) l. c.

Auf der Bauchseite links erkennen wir den Keimstreifen mit seinen deutlich voneinander gesonderten Blättern; wir sehen, dass derselbe auf die Rückenseite übergreift und bis an die Grenze des ersten Drittels reicht. Der Enddarm ist angelegt als Einstülpung von aussen her und reicht bis über die Mitte des Eies nach hinten. Derselbe verläuft ein klein wenig nach oben, biegt sich dann scharf nach hinten um, und verläuft parallel mit der Rückenfläche nach hinten. Bei *am* ist das Amnion sichtbar, dessen Anlage wir bei Besprechung der Querschnitte beschrieben haben. Am vorderen Theil des Eies erblickt man links die Einschnürung des Kopfabschnittes, durch welche die Keimblätter nach innen vorgetrieben werden.

Graber[1]) bildet in seiner Arbeit: „*Die Insecten*", einen Querschnitt durch ein nach seiner Angabe 7 Stunden altes Ei von *Musca vomitoria* ab, welcher durchaus meiner Fig. 41 entspricht, nach Fortlassung der Polzellen. Er betrachtet den Spalt bei *gh* als Gastrulamund, und in Folge dessen die Anlage des Enddarmes als Gastrulabildung. Er knüpft dann daran eine Theorie über Gastrulabildung bei Insecten überhaupt u. s. w. Es ist ihm nun bei Besprechung dieses Schnittes das Malheur passirt, die Rückenseite für die Bauchseite und die Bauchseite für die Rückenseite anzusehen, ein Irrthum, der nur dadurch einigermassen zu erklären ist, dass er, wie es scheint, weder die vorangehenden noch nachfolgenden Stadien geschnitten hat. Es ist desshalb wohl überflüssig, auf eine genauere Besprechung seiner Deutung des Befundes einzugehen, da er, wie wir gesehen haben, von einer ganz falschen Voraussetzung ausgeht.

Was mich sehr in Erstaunen gesetzt, ist, dass Kowalewsky[2]), in seiner Arbeit über „*Entwickelung der Musciden*", diesen Irrthum Grabers nicht bemerkt hat, denn er beruft sich auf die Graber'sche Figur, ohne ein Wort der Berichtigung hinzuzufügen.

Wie schon andere Untersucher vor mir beobachteten, ist bei den Fliegeneiern die Dauer der Entwickelung je nach der Temperatur verschieden; es ist mir desshalb unmöglich, für jedes Stadium die seit der Eiablage verflossene Zeit ganz genau anzugeben. Die bis jetzt geschilderten Vorgänge umfassen die Zeit von der Eiablage bis zum Schluss der vierten Stunde. Ich werde

---

[1]) Graber: Die Insecten. II. Theil, pag. 403, Fig. 118 in: Die Naturkräfte, Bd. 22, München 1879.
[2]) l. c.

desshalb in Zukunft bloss bei besonders wichtigen Veränderungen ungefähr die Zeit anführen, soweit ich sie bei dem von mir untersuchten Material im Durchschnitt für gültig gefunden habe.

Kehren wir nach dieser Abschweifung wieder zu unserem Thema zurück, und betrachten wir das nächstfolgende Stadium. Wir studiren dasselbe am besten an einem durch die Mitte des Eies gelegten verticalen Längsschnitt, wie er in Fig. 15 gezeichnet ist. Ein sofort in das Auge fallender Unterschied zwischen Fig. 14 u. 15 ist die verschiedene Lage des Enddarmes. Der Keimstreifen hat sich auf der Bauchseite stärker zusammengezogen und dadurch den Enddarm mit der Afteröffnung nach dem hinteren Pole zu zurückgezogen. Das obere Ende des Enddarms reicht kaum mehr bis zur Mitte des Eies. Das Amnion ist stark ausgezogen worden und bildet den grössten Theil der Rückenfläche des Embryo. Durch die Zusammenziehung der Bauchseite ist der After stark nach hinten gezogen worden und liegt ungefähr in der Mitte des letzten Drittels vom Ei. Der Enddarm hat dadurch die Gestalt eines in die Länge gestreckten Hufeisens erhalten, ein Verhalten, welches wir später noch schärfer ausgeprägt finden werden. Auf der Bauchseite links finden wir den Keimstreifen mit deutlich gesondertem äusseren und inneren Blatt. Bei der Behandlung mit Farbstoffen färbt sich das äussere Blatt, also das Ectoderm stets stärker als die übrigen Zellen und ist dadurch deutlich gegen das innere Blatt abgesetzt, ein Verhalten, welches auch in den Zeichnungen stets wiedergegeben ist. Die Blätter des inneren Blattes sind noch nicht miteinander verschmolzen, sondern durch einen schmalen Spalt getrennt, der hier längs getroffen ist, und als eine vom vorderen bis über den hinteren Pol hinaus verlaufende Rinne zu erkennen ist.

Im vorderen Drittel ist die Abschnürung des Kopfabschnittes deutlich sichtbar. Im Dotter liegen einige Dotterzellen, im Enddarm die Polzellen, von denen wir sahen, dass sie bei der Anlage des Enddarmes aus der Rinne des Keimstreifens in den Darm hinein gewandert waren.

Erst nachdem die Ausbildung des Enddarmes soweit gediehen ist, legt sich der Vorderdarm in derselben Weise an wie der Enddarm, und zwar als Einstülpung im vorderen Theil des Keimstreifens.

Fig. 45 zeigt einen Querschnitt aus diesem Stadium, ein wenig hinter der vorderen Spitze. Man erkennt auf der Bauchseite bei os deutlich eine Vertiefung der Rinne, seitlich sind Faltenbildungen sichtbar, die zur Bildung der Kopfabschnitte in Beziehung stehen. Sehen wir aus dieser Serie die nach hinten aufeinander folgenden Schnitte durch, so erkennen wir, dass sich die Rinne immer mehr vertieft, bis schliesslich die Vertiefung beinahe bis zur Rückenwand des Eies reicht. Betrachten wir in Fig. 46 einen Schnitt durch diese Stelle ungefähr durch die Mitte des ersten Eidrittels. Auf der Ventralseite sehen wir die zusammengefallenen Wände des inneren Blattes. Man kann noch deutlich die Einstülpungsöffnung erkennen. Dies haben wir ja auch noch beim vorhergehenden Stadium erwähnt; es tritt die Abschnürung des inneren Blattes vom Ectoderm am vorderen Theil des Keimstreifens etwas später auf, als in der Mitte und hinten. Die dorsale Wand des inneren Blattes setzt sich nach innen in einen schmalen Spalt fort, der sich bei rd plötzlich zu einem etwas abgeplatteten Rohr erweitert. Dies ist die Anlage des Vorderdarmes, die auch auf den vorhergehenden Schnitten in derselben Ausbildung sichtbar ist. Ein paar Schnitte weiter schnürt sich der Vorderdarm vollständig ab und stellt dann ein allseitig geschlossenes, abgeplattetes Rohr dar, welches ein paar Schnitte darauf blind endigt. Zur Erläuterung betrachte man Fig. 47, in welcher die Abschnürung des Vorderdarmes vom Keimstreifen vollzogen ist. Die Zellen des inneren Blattes zeigen die beginnende Verschmelzung. Die ferneren Schnitte durch dieses Stadium zeigen nichts Bemerkenswerthes; der Enddarm ist etwas weiter ausgebildet; die Blätter des inneren Blattes haben sich näher aneinander gelegt und lassen kaum noch einen schmalen Spalt zwischen sich erkennen.

Aus der Betrachtung der soeben besprochenen Schnitte hat sich mit voller Sicherheit ergeben, dass der Vorderdarm entsteht als Einstülpung vom vorderen Theil des Keimstreifens aus, und zwar als Vertiefung der Keimstreifrinne, also dieselbe Art der Anlage darbietet wie der Enddarm.

Kowalewsky[1]) behauptet für *Musca*, dass durch die Einstülpung des Vorderdarmes das innere Blatt nach innen gedrängt würde. Das ist, wie wir gesehen haben, durchaus nicht der Fall.

---

[1]) l. c.

Die Anlage des Vorderdarmes geschieht nicht etwa nach Schliessung der Rinne, sondern zu einer Zeit, wo dieselbe noch nach aussen geöffnet ist; es hat sich das innere Blatt noch nicht vom äusseren gesondert und abgeschnürt. Durch eine jetzt auftretende Einstülpung wäre es deshalb nicht möglich, das in der Bildung begriffene innere Blatt vorzudrängen. Es ist durchaus nothwendig, dies nochmals zu betonen, da Kowalewsky aus dieser hypothetischen vorgedrängten Parthie des inneren Blattes das Entoderm und später den Mitteldarm entstehen lässt. Durch die Anlage des Vorderdarmes wird kein Theil des inneren Blattes nach innen gedrängt, sondern der Vorderdarm ist weiter nichts als eine Vertiefung des vorderen Theiles der Keimstreifrinne; die Wände des Vorderdarmes sind die directe Fortsetzung der Wände der Rinne und gehen nach aussen in das Ectoderm über.

Ist die Entwickelung soweit vorgeschritten, so legen sich die Wände des inneren Blattes fest aneinander und verschmelzen miteinander, der Spalt zwischen ihnen verschwindet vollständig. Die Zellen des inneren Blattes vermehren sich, und man ist nicht mehr im Stande, eine Sonderung in zwei Schichten zu erkennen. Fig. 48 führt uns dieses Stadium vor Augen. Auf der Bauchseite erblicken wir das innere Blatt als eine compacte Masse fest miteinander verbundener Zellen, entsprechend dem Ento-Mesoderm, wie wir es in Zukunft auch nennen werden. An den Zellen des Ectoderms bemerken wir, dass sie nach der Dorsalseite immer schmäler und abgeplatteter werden. Diese Zellen sind die Zellen, die das Amnion zusammensetzen. Wie wir gesehen haben, wird das Amnion so gebildet, dass bei der Zusammenziehung des Keimstreifens der Bauchseite die Amnionfalte nach dem hinteren Ende des Eies gezogen und dadurch direct zur Rückenwandung des Embryo wird. Durch diese starke Dehnung müssen die Zellen des Amnions, da die Vermehrung der Zellen nicht gleichen Schritt hält mit ihrer Ausbreitung, naturgemäss abgeplattet und in die Länge gestreckt werden und die Zellen ungefähr die Form von Plattenzellen erhalten. Ein Schnitt durch das Amnion wird uns also dann eine Lage von Zellen zeigen, die gegen die des Ectoderms bedeutend an Höhe reducirt sind, ein Verhalten, wie es in Fig. 48 dargestellt ist, und welches wir in den folgenden Stadien noch viel schärfer ausgeprägt finden werden.

Mitteldarm.

Wir kommen nun zu der wichtigen Frage nach der Herkunft der Mitteldarmwandung. Die Arbeiten darüber lassen sich in drei Gruppen theilen. Erstens in solche, die die Mitteldarmwandung durch Abspaltung vom inneren Blatt herleiten, zweitens in solche, die dieselbe aus den Dotterzellen entstehen lassen und drittens in solche, die eine eigene Mitteldarmanlage leugnen und den ganzen Darm als Ectodermeinstülpung entstehen lassen. Auf eine Besprechung dieser Arbeiten kann ich mich hier nicht einlassen, weil es mich zu weit führen würde; ausserdem gibt schon Witlaczil[1]) in seiner Entwickelungsgeschichte der Aphiden eine ausführliche Kritik derselben.

Gehen wir also sofort zur Untersuchung der Verhältnisse bei *Musca vomitoria* über, und betrachten wir zunächst das in Fig. 21 *a* und *b* gezeichnete aufgehellte Ei.

Als sofort in die Augen fallende Veränderung bemerken wir bei der Vergleichung mit dem vorhergehenden Stadium, Fig. 20 *a* u. *b*, eine auf der Bauchseite auftretende, von vorn nach hinten fortschreitende Segmentirung. Die Folge davon ist eine starke Zusammenziehung der Bauchseite, die das Amnion und die Afteröffnung nach dem hinteren Pol zu zurückzieht.

Wie schon Weissmann[2]) richtig bemerkt, geht Hand in Hand damit die Reducirung des Kopfabschnittes, dessen einzelne Theile sich dabei schärfer gegeneinander absetzen. Mit der ferneren Ausbildung der einzelnen Kopftheile habe ich mich nicht näher beschäftigt, und muss ich deshalb auf die sehr ausführlichen Untersuchungen Weissmanns in seiner Entwickelung der Dipteren verweisen.

Betrachten wir zunächst Fig. 21 *a*, welche uns das Ei von der Seite gesehen darstellt. Wir erkennen sofort als Veränderung gegen Fig. 20 *a*, dass der Dotter an seiner breitesten Stelle eine von oben nach unten gerichtete Einstülpung erkennen lässt, indem eine hellere Zellenmasse sich in den mittleren Theil des Dotters einsenkt, sodass man statt eines Dotterfortsatzes jetzt deren zwei

---

[1]) Witlaczil, Emanuel: Entwickelungsgeschichte der Aphiden. Zeitschr. f. wissenschaftl. Zool., Bd. XL.
[2]) l. c.

erblickt. Der Fortsatz rechts verläuft bis in das vorderste Ende der Kopfparthie, ebenso wie in der vorhergehenden Figur; links der Fortsatz reicht ungefähr bis zur Grenze des Kopfes nach unten. Wir bemerken an dieser Figur, dass der Dotter auf der Rückenseite, also in unserer Figur rechts, direct an des Ectoderm, oder besser an das Amnion stösst, während er auf der Bauchseite durch eine breite Zellenmasse vom Ectoderm geschieden ist, das ist der Keimstreif oder Ectoderm plus Ento-Mesoderm. Die Einbuchtung im Dotter wird hervorgebracht durch die Anlage des Vorder- und Mitteldarmes, von welch letzterer im vorhergehenden Stadium noch nichts zu bemerken gewesen war; die näheren Verhältnisse werden wir nachher auf Querschnitten genauer studiren.

Ferner bemerken wir, dass die Brücke, wie ich die stärkere Dotteranhäufung bei *bc* nennen möchte, durch die Zusammenziehung der Bauchseite, in Folge der beginnenden Segmentirung, nach unten gezogen worden ist, und jetzt genau die Mitte des Eies einnimmt. Nach hinten erblicken wir mehrere Fortsätze des Dotters; auf der Bauchseite liegt eine bandartige Masse von Dotter, entsprechend dem Fortsatz in Fig. 20 *a*; derselbe ist schmäler geworden und hat sich schärfer gesondert. Dieser Fortsatz reicht bis zum hinteren Pol und biegt sich dort nach dem Rücken zu um. Wie die vorhergehende Figur zeigt, reichte er früher mit seinem umgebogenen Ende viel weiter nach oben, war aber nicht so deutlich erkennbar wie jetzt; durch die beginnende Segmentirung ist er gleichfalls nach dem hinteren Pole zu zurückgezogen worden. Von der Brücke aus ziehen noch ein grösserer und ein kleinerer seitlicher Dotterfortsatz eine Strecke weit nach hinten. Ausserdem ist eine Andeutung des Enddarmes zu erkennen, der bis zur Brücke reicht, um sich dann nach hinten umzubiegen.

Fig. 21 *b* zeigt uns dasselbe Ei vom Rücken aus gesehen. Wir erkennen den Dotter als kegelförmige, dem Rücken dicht anliegende, dunkle Masse, deren Spitze bis zum vorderen Pol reicht. Die Basis des Kegels entspricht dem vorher als Brücke benannten Theil und setzt sich nach hinten in die soeben besprochenen seitlichen Ausläufer fort, die wir auf Querschnitten später stets finden werden. Der Fortsatz des Dotters auf der Bauchseite nach hinten ist nur undeutlich zu sehen, wegen des über ihm lagernden Enddarmes; bloss die auf den Rücken reichende Kuppe ist deutlicher erkennbar. Wir bemerken an dieser Figur ebenso wie an Fig. 21 a, dass die Hauptmasse des Dotters, durch die Zusammenziehung der Bauchseite, nach dem hinteren Pol zu verschoben ist und können es hauptsächlich an der veränderten Lage der Brücke constatiren. Das Amnion ist gleichfalls ausgezogen worden und reicht jetzt bis über die Mitte des Eies nach hinten.

Betrachten wir jetzt die zu diesem Stadium gehörenden Querschnitte. Längsschnitte von diesem Stadium kann ich leider nicht geben, da es zu schwierig ist, gute Sagittal- oder Medianschnitte zu erhalten, weil beim Einbetten es kaum möglich ist, die Eier zu orientiren und man es vollständig dem Zufall überlassen muss, einen guten Schnitt zu erhalten, was mir leider bei diesem und dem folgenden Stadium nicht gelungen ist.

Fig. 49—60 ist eine Querschnittsserie von diesem Stadium mit Auslassung der Schnitte, die nichts Neues darbieten. Bei der Betrachtung dieser Serie fällt uns sofort eine Furche auf, die sich auf der Bauchseite in der Mittellinie vom vorderen bis zum hinteren Pol erstreckt, um sich dort auf den Rücken fortzusetzen und bis zum Ende des Keimstreifens zu verlaufen. Das ist die Anlage des Bauchmarkes, welche als Einstülpung des Ectoderms in der ganzen Länge des Keimstreifens erfolgt, genau an der Stelle, an welcher die Schliessung der Keimstreifrinne geschah. Eine Sonderung in einzelnen Parthieen lässt das Bauchmark noch nicht erkennen. Die Bildung des Bauchmarkes erfolgt also nicht etwa bloss auf der Bauchseite, sondern auch auf dem Rücken im Verlauf des Keimstreifens und wird später, wie wir sehen werden, mit dem Keimstreifen vollständig auf die Bauchseite hinübergezogen, um schliesslich rückgebildet zu werden im Verlaufe des Embryonallebens, sodass das Bauchmark dann bloss noch einen starken, in der vorderen Eihälfte gelegenen Strang darstellt. Doch davon später mehr.

Ein Hauptunterschied gegen die früheren Stadien besteht in dem Auftreten von zwei seitlichen Wülsten, die am blinden Ende des Vorder- und Enddarmes ihren Ursprung nehmen und nach der Körpermitte zu einander entgegen wachsen. Das ist die erste Anlage der späteren Mitteldarmwandung.

Vielleicht hat Kowalewsky[1] diese Wülste gesehen. Rufen

---

[1] l. c.

wir uns noch einmal seine Schilderung der Mitteldarmbildung ins Gedächtniss zurück. Nach seiner Beschreibung wird durch die Einstülpung des Vorder- und Enddarmes im vorderen und hinteren Ende des Keimstreifens das innere Blatt nach innen vorgewölbt, und zwar in Gestalt von zwei Uhrgläsern, die mit ihren ausgewölbten Theilen nach den Enden des Keimstreifens, mit ihren Rändern gegeneinander gerichtet sind. Dieselben wachsen gegeneinander, bis sie sich begegnen, verschmelzen und den Dotter ganz einschliessen. Von den Rändern der Anlage wachsen je zwei Auswüchse hervor, welche schneller wachsen und sich früher begegnen als die anderen Theile der Anlage. Vielleicht sind diese Stränge mit den von mir oben beschriebenen Wülsten identisch.

Von einer uhrglasförmigen Anlage des Mitteldarmes dagegen habe ich nichts entdecken können. Vielmehr legt sich, wie wir früher genau untersucht haben, Vorder- und Enddarm als Ausstülpung oder Vertiefung des vorderen und hinteren Theiles der Keimstreifrinne an, ohne dass dadurch das innere Blatt nach innen vorgedrängt wurde. Wie wir sahen, war ein derartiger Vorgang gar nicht möglich, da zur Zeit der Vorder- und Hinterdarmanlage das innere Blatt sich noch gar nicht vom äusseren vollständig abgesondert hatte. An dem blinden Ende des Vorder- und Enddarmes nun entsteht eine Zellvermehrung, eine Wucherung, die sich seitlich in je zwei Wülste differenzirt, die langsam nach der Körpermitte zu wachsen. Diese Wülste sind die erste Anlage der Mitteldarmwandung; sie nähern sich später bis zur Berührung, verschmelzen miteinander, strecken sich darauf und umwachsen ventralwärts und dorsalwärts den Dotter, bis sie ihn schliesslich vollständig in sich einschliessen.

Diese Anlage aus zwei seitlichen Parthieen hat ja an und für sich nichts Befremdendes und wurde bei Insecten mehrfach beschrieben, so z. B. von Kowalewsky [1]) für *Hydrophilus* und *Lepidopteren*, von Cholodkowsky [2]) für *Blatta*, von Heider [3]) für *Hydrophilus*.

Die erwähnten Autoren lassen aber diese Stränge oder Wülste durch Abspaltung vom inneren Blatt aus entstehen, in der

---
[1]) l. c.
[2]) Cholodkowsky: Ueber die Bildung des Ectoderms bei *Blatta*. Zool. Anzeiger 1888, pag. 165.
[3]) Heider: Ueber die Anlage der Keimblätter von Hydrophilus piceus. In: Abhandlungen der königl. Acad. der Wissenschaft zu Berlin 1885.

ganzen Länge des Eies. Heider gibt für *Hydrophilus* an, dass die Mitteldarmanlage von vorn und hinten erfolgt und ursprünglich in der Mitte getrennt sei, lässt diese Partieen aber vom Mesoderm durch Abspaltung ihren Ursprung nehmen. Das ist bei *Musca* nicht der Fall, sondern die Wülste entstehen als Wucherungen am blinden Ende des Vorder- und Hinterdarmes und sind demnach ectodermalen Ursprunges, ein Verhalten, welches wir noch im Verlauf der Arbeit genauer untersuchen werden.

Betrachten wir diese Querschnittsserie und die folgenden und vergleichen wir sie mit den vorhergehenden, so erscheinen uns die späteren Serien bedeutend kleiner. Die Figuren sind nicht etwa mit verschiedenen Vergrösserungen gezeichnet, wie es den Anschein haben könnte, sondern alle mit derselben. Die Eier, von denen diese Schnitte sind, waren von Natur viel kleiner. Die Eier von *Musca vomitoria* differiren nämlich an Grösse ganz bedeutend, besonders legen die in der Gefangenschaft gehaltenen Fliegen kleinere Eier ab, als die in Freiheit befindlichen. Wie schon vorher bemerkt, wurden meine Untersuchungen zum grössten Theil an Fliegeneiern angestellt, die ich von Fliegen erhielt, die den ganzen Winter in Gefangenschaft gehalten worden waren. Die Thiere legten alle 3—4 Wochen, und würde sich die Kleinheit der Eier eventuell durch die grössere Anstrengung des Ovariums und die vielleicht nicht ganz naturgemässe Ernährung der gefangenen Fliegen erklären lassen. Ausserdem ist der Grössenunterschied der einzelnen Exemplare der *Musca vomitoria* ganz bedeutend und würde sich dadurch allein schon ein Unterschied in der Grösse der abgelegten Eier ergeben.

Gehen wir nun zur Betrachtung der einzelnen Schnitte dieser Serie über und beginnen wir am vorderen Ende des Eies. Fig. 49 ist ein Schnitt durch die Mitte des Kopfabschnittes. Wir erkennen an diesem und den folgenden Bildern, was ich bei der Betrachtung der ganzen Serie vergessen hatte zu erwähnen, die ungeheuer starke Vermehrung der Zellen des Mesoderms auf Kosten ihrer Grösse; sie sind ungefähr um die Hälfte kleiner geworden. In dieser Figur füllen die Zellen des Mesoderms beinahe den ganzen Kopfabschnitt aus, bis auf die dorsale Dotterpartie, die, wie wir beim aufgehellten Ei schon besprochen hatten, bis in das vorderste Ende des Kopfes reicht. In der Mitte liegt der Vorderdarm als ovales, etwas nach oben zugespitztes Rohr. Die Zellen des Ectoderms nehmen nach der Dorsalseite zu an Höhe ab, und erscheinen plattgedrückt. Seitlich rechts und links erblicken wir je eine Einstülpung oder Faltenbildung, die mit der Bildung der Kopfanfänge in Beziehung steht. In der Mittellinie der Ventralseite ist eine Ectodermaleinstülpung in Gestalt einer Furche sichtbar, die die Anlage des Bauchmarkes darstellt.

Ein paar Schnitte später schliesst sich der Vorderdarm nach hinten, und sein blindes Ende geht direct in die Darmwülste über. Die betreffenden Schnitte sind nicht beigegeben worden, weil sie diese Verhältnisse nicht ganz klar zeigen, und wir in der folgenden Serie an Querschnitten und an einem Längsschnitt durch diese Stelle den Uebergang genau studiren werden.

Betrachten wir jetzt Fig. 50, die einen Schnitt durch das Ei, kurz hinter dem blinden Ende des Vorderdarmes wiedergiebt. Rechts und links erkennt man noch Andeutungen der Einstülpungen, die in Fig. 49 erwähnt wurden und im nächsten Schnitt vollständig verschwinden. Die Zellen des Ectoderms auf der Dorsalseite sind noch stärker abgeplattet und gestreckter als in der vorhergehenden Figur. Diese Abplattung wird hervorgerufen durch die Ausziehung des Amnions, in dessen Zellen die den vorderen Theil des Rückens des Embryo bildenden Ectodermzellen direct übergehen.

In der Mitte des Eies im Innern erblicken wir die beiden Darmwülste, welche sich schon voneinander zu sondern beginnen. Ihre Zellen unterscheiden sich scharf von denen des Mesoderms, sind stark in die Länge gestreckt, und lassen eine radiäre Anordnung erkennen. Die Wülste berühren sich längs ihrer inneren Seite, ohne dass jedoch die Zellen miteinander verschmelzen. Nach dem Mesoderm zu sind sie deutlich abgesetzt. Das Mesoderm reicht seitlich bis zur halben Höhe des Eies, hat sich also gegen früher seitlich noch etwas ausgebreitet. Der ganze obere Theil des Eies ist mit Dotter angefüllt, der sich direct dem Rücken anlegt, ein Verhalten, welches wir schon bei der Betrachtung des aufgehellten Eies besprachen. Nach unten weichen die Darmwülste etwas auseinander und es entsteht dadurch zwischen ihnen und dem Mesoderm ein freier Raum, der gleichfalls mit Dotter erfüllt ist.

Die nächstfolgenden Schnitte bieten nichts von Bedeutung. Das Mesoderm reicht an den Seiten nicht ganz bis zur Mitte des Eies, während sich gleichzeitig das Amnion nach den beiden

Seiten herunter zieht und die Decke für den oberen Theil des Eies, also den Rücken bildet. In Gemeinschaft damit differenziren sich die Darmwülste deutlicher und weichen in der Mitte voneinander, bis sie schliesslich nur noch durch eine schmale Brücke zusammenhängen. So ist der Befund ungefähr in der Mitte des Eies; die ganze obere Hälfte ist erfüllt mit Dotterkügelchen. Ein paar Schnitte weiter treffen wir dann auf das obere Ende des Enddarmes, dort wo er sich nach hinten umbiegt.

Fig. 51 ist das Bild eines durch diese Stelle gelegten Schnittes. Auf der Dorsalseite erkennen wir den Enddarm an seiner Umbiegungsstelle. Die Verbindung ist noch nicht ganz unterbrochen, sondern durch einen schmalen Spalt hergestellt. Den Schnitt vorher, in welchem die beiden Darmschenkel direct ineinander übergehen und ihr Lumen einen gemeinschaftlichen Hohlraum darstellt, habe ich, um Figuren zu sparen, nicht beigegeben. Diese Figur lässt sich durchaus beziehen auf die Fig. 41 aus einer früheren Serie.

Um den Darm herum liegen eine Menge dunkler gefärbter Zellen und zwar nicht im Dotter, sondern ausserhalb desselben. Ihren Ursprung vermag ich nicht anzugeben. Ich möchte mit aller Reserve die Frage aufwerfen, ob diese Zellen nicht mit den Polzellen in Verbindung zu bringen sein könnten. Während dieselben noch im vorigen Stadium deutlich erkennbar im Enddarm lagen, vergleiche Fig. 41, pz und Fig. 15, pz, sind sie jetzt darin nicht mehr aufzufinden, während jetzt um den oberen Theil des Enddarmes herum ebenso grosse und dunkel gefärbte Zellen liegen. Diesen Zellen werden wir in späteren Studien an dieser Stelle stets begegnen, bis sie zuletzt durch das sich nach oben schliessende Mesoderm nicht mehr erkennbar sind. Was daraus wird, weiss ich nicht anzugeben aus den eben erwähnten Gründen. Sollten diese Zellen mit den Polzellen identisch sein, so müssten die Polzellen die Wandung des Enddarmes durchbrechen oder durchwandern, was mir aber bei aller darauf verwendeten Aufmerksamkeit nicht zu constatiren gelungen ist.

In Bezug auf die Polzellen möchte ich noch erwähnen, dass, soweit ich aus der Literatur ersehen habe, bis jetzt Polzellen nur für *Dipteren* angegeben werden und zwar von Weissmann[1] für

---

[1] Weissmann: Entwickelung der Dipteren.

Musca und *Chironomus*, von Mecznikoff[1]) für *Simulia* und *Cecidomya*, Angaben die von anderen Forschern bestätigt werden, auf das Bestimmteste aber geleugnet werden für andere Insecten, so von Weissmann[2]) für *Biorhiza*, *Rhadites* und *Grillotalpa*, von Mecznikoff für *Coriza* und *Aphis*, von Bütschli[3]) für *Apis*. Es scheint also darnach eine Bildung zu sein, die für die Dipteren allein eigenthümlich ist.

Ein paar Schnitte weiter, Fig. 52, sehen wir, dass die Verbindung zwischen den beiden Enddarmschenkeln unterbrochen ist; ein Bild, welches wir zu erhalten erwarten mussten, da sich der Enddarm in der Mitte des Eies nach hinten umbiegt, und sein innerer Schenkel nach dem hinteren Ende des Eies zu nach hinten wächst. Der Enddarm wird ja, wie wir gesehen haben, als Vertiefung oder Einstülpung des Keimstreifens angelegt und zwar in seinem oberen Theile, und dieser vertiefte Theil wächst dann nach hinten; der After liegt also bis jetzt immer noch in der Mitte des Eies, während der nach hinten folgende Abschnitt des Keimstreifens sich schliesst, in einzelne Blätter sondert u. s. w., genau so, wie wir es schon bei der Keimblätterbildung auf der Ventralseite beschrieben haben, bloss dass hier diese Vorgänge etwas später eintreten. Die Fig. 52 entspricht nach Einfügung dieser Veränderungen und nach Fortlassung der Darmwülste der Fig. 43. Das Amnion ist auf dem Rücken nicht geschlossen, genau wie in Fig. 43, *am*, sondern in zwei Falten erhoben, die gegeneinander geneigt sind; das innere Blatt in Fig. 43 zeigt seine Zellen miteinander verschmolzen und verkleinert, ohne dass noch eine Sonderung in Blätter erkennbar ist, der Enddarm schärfer abgesetzt in Fig. 52. Seitlich vom Mesoderm erkennen wir wieder die problematischen dunkel gefärbten Zellen. Der Enddarm hat sich schärfer gesondert als in Fig. 43. Die Zellen des Ectoderms auf der Dorsalseite sind stark in die Länge gestreckt und lassen in der Mitte eine seichte Furche er-

---

[1]) Mecznikoff: Embryologische Studien an Insecten. Zeitschrift für wissenschaftl. Zool., Bd 16, 1866.

[2]) Weissmann: Beiträge zur Kenntniss der ersten Entwickelungsvorgänge im Insectenei, Henle von seinen Schülern dargebracht. Bonn 1882. In den Beiträgen zur Anatomie und Physiologie.

[3]) Bütschli: Zur Entwickelungsgeschichte der Biene. Zeitschrift für wissenschaftl. Zool., Bd 20, 1870.

kennen, die Anlage des auf die Rückenseite hinübergreifenden Bauchmarkes. Die Darmwülste haben sich vollständig voneinander getrennt, und lassen einen breiten Raum zwischen sich, der mit Dotter erfüllt ist. Auf der Mitte der Bauchseite ist die Anlage des Bauchmarkes als tiefe Furche zu erkennen.

Als neu auftretende Bildungen sehen wir rechts und links der Bauchseite genähert je eine taschenförmige Einstülpung bei *tr*, das ist die erste Anlage der Tracheen, die hier, wie auch schon Bütschli und nach ihm Andere beschrieben, als Einstülpungen in jedem Segment angelegt werden. Bei *Musca* ist es etwas anders als bei anderen Insecten, insofern, als die Tracheen angelegt werden zu einer Zeit, wo der Keimstreif noch auf den Rücken hinüberreicht, und in Folge dessen die Tracheenanlage auch auf der Rückenparthie des Keimstreifens zu Stande kommt, um später mit der Zusammenziehung des Keimstreifens auf die Bauchseite hinübergezogen zu werden. Dasselbe geschieht ja auch mit dem Bauchmark, wie wir sahen. Die weitere Ausbildung erfolgt dann in der Weise, dass, wie es Bütschli bei der Biene richtig beschrieben hat, die taschenförmigen Einstülpungen miteinander jederseits zu einem Rohr verschmelzen. Während nun bei anderen Insecten die Einstülpungsöffnungen erhalten bleiben und die Stigmata darstellen, verschliessen sich dieselben bei *Musca* vollständig, bis auf die letzte jederseits, die als Stigma erhalten bleibt.

Sehen wir die nächstfolgenden Schnitte durch, so bemerken wir als hauptsächlichste Veränderung das Verschwinden der Darmwülste. Fig. 53 ist ein Schnitt, in welchem die Darmwülste zuletzt sichtbar sind. Wir erkennen sofort einen grossen Unterschied in der Anordnung der Zellen. Während vorher dieselben gesetzmässig, radiär angeordnet waren, ist hier nichts mehr zu bemerken, sondern wir erkennen einen Haufen aneinander gelagerter rundlicher Zellen, also einen Befund, der ja auch ganz natürlich ist, da an dieser Stelle durch Wucherung das Wachsthum der Darmwülste nach hinten vor sich geht.

Das Amnion ist seitlich in zwei Falten erhoben, die weiter auseinandergewichen sind; die Nervenfurche auf der Bauchseite stärker, auf dem Rücken weniger scharf sichtbar. Der Enddarm hat an Umfang abgenommen; er stellt ein ovales Rohr dar, welches in der Mitte der oberen Wand eine knopfartige Erhebung in sein

Lumen zeigt. Als neu erblicken wir zwei ziemlich grosse Gänge, die rechts und links oberhalb des Enddarmes liegen und im vorhergehenden Schnitt blind endigen. Von ihnen wird noch die Rede sein. In den nächsten Schnitten erweitert sich der Enddarm beträchtlich durch das Auftreten von zwei seitlichen Ausstülpungen, während die vorher erwähnte knopfförmige Stelle an Grösse zunimmt, bis wir schliesslich an Fig. 54 gelangen, welche uns diese Verhältnisse deutlich vor Augen führt. Die knopfförmige Erhebung ragt weit in das Lumen des Enddarmes hinein und reicht beinahe bis zur gegenüberstehenden Wandung. Der Knopf lässt in der Mitte eine seichte Einbuchtung erkennen. Die seitlichen Ausstülpungen sind deutlich erkennbar, und der Darm hat das Aussehen von zwei Taschen, die in der Mitte miteinander in Verbindung stehen. Rechts und links oberhalb des Enddarmes liegen die beiden Gänge, von denen wir schon vorher sprachen. Wir erkennen, dass sie sich etwas nach aussen gewendet haben und dadurch nierenförmig erscheinen. Das Amnion hat sich weiter nach den Seiten zurückgezogen. Der Rand oberhalb des Enddarmes ist erfüllt mit Mesoderm. Der Dotter stösst seitwärts direct an das Amnion. Auf der Ventralseite erblicken wir rechts und links je eine Trachealeinstülpung.

Gehen wir die nächstfolgenden Schnitte durch, so finden wir, dass sich der Enddarm wieder verkleinert, indem die beiden Ausstülpungen verschwinden, und auch die knopfförmige Erhebung kleiner wird, während die Furche in ihrer Mitte an Tiefe zunimmt. Die beiden oberhalb des Enddarmes gelegenen Gänge wenden sich immer mehr der Peripherie zu, um schliesslich in Fig. 55 nach aussen zu münden. Sie werden also, wie daraus klar zu ersehen ist, als Einstülpungen vom Ectoderm aus angelegt. Es ist keine Tracheeneinstülpung, wie man vielleicht vermuthen könnte, sondern eine Bildung für sich, von der wir später noch sprechen werden. Sonst bieten diese Schnitte nichts Neues.

Im nächsten Schnitt, Fig. 56, wird die Ausmündung der Gänge noch deutlicher sichtbar, um gleich darauf zu verschwinden. Der Enddarm hat sich noch mehr verschmälert und lässt als Lumen nur noch einen schmalen Spalt erkennen.

Im Schnitt darauf schliesst er sich vollständig, und die Zellen an seinem blinden Ende gehen direct in die Zellen der Darmwülste über, ein Verhalten, welches wir schon bei der Besprechung des

Vorderdarms erwähnten. Man kann keine bestimmte Abgrenzung des Vorderdarms gegen die Wülste constatiren, was ja auch natürlich ist, da die Wülste als Wucherungen von den Zellen des Enddarmes an seinen blinden Enden angelegt werden.

Ein Unterschied in der Bildung der Darmwülste am vorderen und hinteren Pol zeigt sich darin, dass die letzteren nicht von vorn herein scharf differenzirt sind, sondern eine Zellenmasse darstellen, an der man wohl in der Mitte eine Abgrenzung, aber keine so ausgesprochene Wulstbildung constatiren kann, wie bei der Bildung der Darmwülste am vorderen Ende.

Zum Vergleich betrachten wir Fig. 57. Die Darmwülste liegen hier im Gegensatz zu denen am vorderen Pol, dem Mesoderm des Rückens an, dehnen sich aber in den folgenden Schnitten nach der Bauchseite hin aus, um schliesslich ganz auf die Bauchseite hinüberzugreifen und sich dem Mesoderm daselbst anzulegen. Gleichzeitig damit nähern sich die seitlichen Mesodermpartbieen. Dadurch wird rechts und links und oben und unten je eine Dotterparthie abgeschnürt. Auf dem Rücken sind ein paar Tracheeneinstülpungen sichtbar. Das Amnion ist nur noch als schmales Band auf jeder Seite zu erkennen. Schliesslich, wenn wir dem hinteren Pol zu schreiten, hat das Mesoderm sich seitlich noch mehr genähert und berührt, und seine Zellen verschmelzen miteinander. Die Darmwülste nehmen dabei an Grösse ab, um ein paar Schnitte darauf vollständig zu verschwinden (siehe Fig. 60).

Bei der Zusammenziehung der Bauchseite werden die Wülste vollständig auf dieselbe hinübergezogen, wie wir im nächsten Stadium sehen werden; es ist derselbe Vorgang, den wir schon bei der Bildung der Tracheen und des Bauchmarkes besprachen.

Durch die Bildung der Darmwülste wird am vorderen und hinteren Ende des Eies, wie Kowalewsky[1]) richtig bemerkt, ein Theil des Dotters abgeschnürt, der aber später von den Zellen des Mesoderms aufgenommen und verbraucht wird.

Wir kommen nun zur Besprechung des nächstfolgenden Stadium, von dem uns Fig. 61—81 eine Querschnittsserie, und Fig. 22 a und b das aufgehellte Bild zeigt. Beginnen wir mit der Betrachtung des aufgehellten Eies. Als Gegensatz gegen das vorher-

---

[1]) l. c.

gehende Stadium, Fig. 22 a und b, fällt uns sofort die Veränderung in die Augen, die der Dotter erlitten hat.

Die in Fig. 21 a vorhandene breite Brücke des Dotters zwischen den beiden Dotterbändern ist vollständig verschwunden. Wir erblicken den Dotter als zwei dicke Stränge, von denen derjenige auf der Rückenseite, also rechts, wie auch im vorigen Stadium bis in das Kopfende reicht und der Körperwand direct anliegt. Nach hinten hat er sich verlängert, bis über das letzte Drittel des Eies hinaus. Der linke, auf der Bauchseite gelegene Strang hat kaum eine Veränderung erfahren, mit Ausnahme seines hinteren Endes, welches sich nicht mehr auf die Dorsalseite umschlägt, dagegen jetzt etwas weiter nach hinten reicht. Der Kopfabschnitt mit dem Kopfkegel hat sich scharf abgesetzt, und die Segmentbildung, die, wie wir sahen, von vorn nach hinten fortschreitet und im vorhergehenden Stadium angelegt wurde, ist vollendet. Gleichzeitig damit ist eine stärkere Zusammenziehung der Bauchseite eingetreten, wodurch das Amnion und die Afteröffnung noch weiter nach dem hinteren Pol zugezogen sind und ungefähr in der Mitte des letzten Drittels sich befinden.

Das Verschwinden der Dotterbrücke ist dadurch zu erklären, dass die Darmwülste sich in der Mitte vereinigt haben und jetzt vom Vorderdarm bis zum hinteren Ende des Enddarms reichen und dadurch den Dotter verdrängen und verdecken. Fig. 22 b ist dasselbe Ei vom Rücken gesehen, und entspricht ungefähr der Fig. 21 b. Man erkennt deutlich den Dotter als lang zugespitzten Kegel, dessen Basis in zwei Spitzen ausgezogen ist, die ziemlich weit nach hinten reichen. Das Amnion und der After sind weit nach hinten gezogen worden und reichen bis zum letzten Drittel des Eies. Die Segmentirung ist deutlich erkennbar.

Gehen wir nun zur Besprechung der zu diesem Ei gehörenden Querschnitte über, und beginnen wir am vorderen Pol.

Fig. 61 ist ein Schnitt durch das vorderste Ende des Eies. Wir sehen den Kopf ganz erfüllt mit Mesodermzellen, bis auf eine kleine Parthie auf der Dorsalseite, die Dotter enthält. Es ist dies das vorderste Ende des bei dem aufgehellten Ei besprochenen dorsalen Dotterstranges, der bis in den Kopf hineinragt. Auf der Bauchseite erblicken wir die Oesophagealeinstülpung, seitlich begrenzt von einem Paar Mundwerkzeugen.

Im nächsten Schnitt, Fig. 62, beginnt sich der Oesophagus zu schliessen; oberhalb desselben liegt eine runde Zellmasse ohne erkennbares Lumen, das ist das blinde Ende des Saugmagens. Gehen wir ein paar Schnitte weiter nach hinten, so finden wir, dass sich der Vorderdarm vollständig abgeschnürt hat. Er stellt ein querliegendes ovales Rohr dar, welchem sich nach oben der Saugmagen anlagert, der nicht solid ist, sondern eine geringe Oeffnung erkennen lässt. Das Mesoderm ist nach den Seiten etwas zurückgewichen, während die Dottermasse etwas an Volumen zugenommen hat. In den folgenden Schnitten rückt die Oeffnung des Saugmagens immer näher an den Vorderdarm heran, um in Fig. 64 in denselben überzugehen. In Fig. 65, trennt sich der Saugmagen wieder vom Vorderdarm, um gleich darauf zu verschwinden. Wir erkennen also daraus, dass der Saugmagen angelegt wird als Ausstülpung vom Vorderdarm aus, und zwar verläuft er zuerst ein wenig nach oben, um sich dann scharf nach unten, parallel mit dem Vorderdarm umzubiegen.

In Fig. 64 sehen wir die beginnende Verdickung der Zellen des Ectoderms bei r, die in Fig. 65 weiter vorgeschritten ist, bis sie schliesslich bis zur Abschnürung der beiden seitlichen Kopfwülste sich ausgebildet hat, wie Fig. 66 zeigt. Der Vorderdarm hat sich in die Länge gestreckt und hat die Gestalt eines gleichschenkeligen Dreiecks, dessen Basis nach dem Rücken und dessen Spitze dem Bauch zugewendet ist. Er hat sich schon ziemlich geschlossen und lässt nur noch einen kleinen, dreieckigen Hohlraum erkennen. Das Mesoderm ist seitlich noch mehr zurückgewichen und der Dotter erfüllt beinahe den ganzen oberhalb des Vorderdarmes gelegenen Raum. Auf der Bauchseite erblicken wir in der Mitte die Anlage des Nervensystems als mittlere Einstülpung, und zwei seitliche Wucherungen des Ectoderms. Rechts und links davon liegt eine Einstülpung, das ist die Mündung der Speicheldrüsen nach aussen.

Zwei Schnitte darauf, in Fig. 67, finden wir den Vorderdarm vollständig geschlossen als rechteckigen Körper, der rechts und links je eine schwache Einbuchtung erkennen lässt. Das Mesoderm ist noch mehr nach den Seiten zurückgewichen, und der Dotter hat dementsprechend an Masse zugenommen. Das Mesoderm auf der Bauchseite zieht sich von dem unteren Ende des Enddarmes zurück, ein Vorgang, der in Fig. 66 nur wenig, in Fig. 67 aber schon sehr deutlich zu erkennen ist. Den freigewordenen Raum nimmt der Dotter ein. Das Nervensystem hat sich durch Wucherungen stärker ausgebildet. Die Speicheldrüsen sind deutlicher zu unterscheiden, die rechte ist schon vollständig abgeschnürt, während die linke noch die Einstülpungsöffnung erkennen lässt.

Im nächsten Schnitt schnüren sich die Speicheldrüsen vollständig ab, und rücken nach innen in die Nähe des unteren Vorderdarmes, während sich gleichzeitig das Mesoderm unterhalb des Vorderdarmes wieder vereinigt. Der Vorderdarm hat sich dabei in zwei Hälften gesondert, die aber doch noch einen Zusammenhang miteinander zeigen. Im nächsten Schnitt, Fig. 68, ist diese Sonderung noch weiter vorgeschritten und die Zellen des Vorderdarmendes beginnen sich in zwei Wülste anzuordnen, die längs der Mittellinie sich berühren, ohne dass ihre Zellen miteinander in Verbindung stehen. Die Zellen der Wülste sind radiär angeordnet und langgestreckt. Die Wülste haben auf dem Querschnitt ungefähr die Gestalt von zwei Uhrgläsern, die mit ihren ausgewölbten Theilen aneinanderstossen und sich dadurch abgeplattet haben. Mit den uhrglasförmigen Anlagen Kowalewsky's[1]) haben diese Wülste, wie wir schon früher klargelegt haben, absolut nichts zu thun. Mit ihren Rändern sitzen diese Wülste dem Mesoderm auf, ohne jedoch in die Zellen des Mesoderms überzugehen, vielmehr sind diese Wülste vom Mesoderm scharf geschieden. In der Höhlung der Wülste erkennen wir jederseits einen dunkler gefärbten Zapfen von Mesodermzellen, der den Hohlraum vollständig ausfüllt. Das ist die Anlage der *Muscularis* des Mitteldarmes, die im vorhergehenden Stadium noch nicht erkennbar war. Sie ist immer leicht aufzufinden, da sie sich ebenso wie die Darmwülste etwas von dem Mesoderm verschieden färbt. Die Speicheldrüsen sind noch näher an die Darmwülste herangerückt und stellen ovale, etwas schief gestellte Röhren dar. Das Bauchmark ist in zwei seitliche Stränge differenzirt, die durch eine blasse Zellenlage voneinander geschieden sind.

Gehen wir ein paar Schnitte weiter, so finden wir, dass sich die Darmwülste nach oben und unten ausbreiten, und jetzt noch viel deutlicher als vorher die typische Form eines Uhrglases zeigen. Sie sind an ihren ausgewölbten Theilen nicht mehr in ihrer ganzen

---

[1]) l. c.

Länge aneinander gelegt, sondern berühren sich bloss noch in der Mitte an einer Stelle. Zwischen sie beginnt der Dotter einzudringen. Die Speicheldrüsen sind ganz nahe an das untere Ende der Darmwülste herangerückt und durch den Druck derselben etwas eckig abgeplattet. Im nächsten Schnitt verschwinden sie vollständig. Auf der Dorsalseite ist das Amnion als Decke des Rückens sichtbar, leicht erkennbar an der Zartheit seiner Zellen, die vollständig abgeplattet und in die Länge gezogen sind, wodurch das Amnion auf Querschnitten bei schwacher Vergrösserung als Linie erscheint, was auch in den Zeichnungen wiedergegeben ist.

In den nächstfolgenden Schnitten erhalten wir bis zur Mitte des Eies ungefähr immer dasselbe Bild. Die Darmwülste (vergl. Fig. 70) krümmen sich stärker und weichen in der Mitte noch etwas mehr auseinander. Man erkennt an diesen Schnitten sehr hübsch die radiäre Anordnung der Zellen der Darmwülste. Die Musculariszellen sind deutlicher sichtbar, sonst bieten die Schnitte nichts Neues.

Wie wir von früher her schon wissen, treten in jedem Segment die Tracheen als paarige Einstülpungen des Ectoderms auf. Fig. 71 zeigt uns aus dieser Serie einen Schnitt durch die Tracheenanlage. Der Schnitt ist gelegt kurz hinter der Mitte des Eies. Die Darmwülste haben sich etwas verkleinert, ihre typische Form aber dabei vollständig bewahrt. Auf der rechten und linken Seite erkennen wir je eine Tracheenanlage, die sich in die Länge gestreckt und nach oben und unten ausgedehnt, und sich gleichzeitig dem Ectoderm dicht angelegt hat. Die Einstülpungsöffnung ist bis auf einen ganz kleinen Spalt geschlossen. Später verschliesst sich diese Oeffnung ganz. Dicht unter dem Amnion erblicken wir einige dunkel gefärbte Zellen, die in dem Raum zwischen Amnion und Dotter liegen, und die ich früher in Verbindung mit den Polzellen zu bringen versuchte. Im Dotter liegen einige Dotterzellen, die man in fast allen Schnitten antrifft, die ich aber nicht immer eingezeichnet habe.

Gehen wir ein paar Schnitte weiter nach hinten, so gelangen wir an das vordere Ende des Enddarmes, an die Stelle, an der er sich nach hinten umbiegt. Fig. 72 ist ein Schnitt durch diese Umbiegungsstelle. Wir sehen, dass der Enddarm dem Amnion dicht anliegt und es etwas vorgewölbt hat. An der Dorsalseite des Enddarmes sind die dunkel gefärbten Zellen wieder sichtbar. Das Mesoderm hat sich seitwärts nach der Bauchseite zu zurückgezogen.

Die Wülste sind gleichfalls nach unten gerückt und haben sich bis zur Berührung genähert.

Sehen wir die folgenden Schnitte durch, so finden wir wenig Neues, wie Fig. 73 zeigt. Die beiden Darmschenkel sind sichtbar als grosse, ovale Gebilde mit weitem Lumen. Zwischen ihnen auf jeder Seite ist ein dreieckig abgeplatteter Gang zu erkennen, der mit dem in Fig. 53 beschriebenen identisch ist und dessen Mündung nach aussen wir bei der Durchmusterung dieser Serie noch besprechen werden. Der äussere Schenkel des Enddarmes, der im vorigen Stadium erst noch ganz kurz angelegt war, hat sich weiter entwickelt, dadurch, dass das Amnion und die Afteröffnung durch die Zusammenziehung der Bauchseite nach dem hinteren Pol gerückt sind und sich dadurch dieser äussere Schenkel des Enddarms stark in die Länge gezogen hat. Die Darmwülste berühren sich an ihrer inneren Seite, verschmelzen aber nicht miteinander.

Ein paar Schnitte weiter, setzt sich der innere Schenkel des Enddarmes jederseits in eine Ausstülpung fort, ein Verhalten, welches wir schon bei der Betrachtung der Fig. 54 der vorhergehenden Serie besprachen.

Betrachten wir den vorhergehenden Schnitt, so sehen wir, dass die seitlichen Ausstülpungen des Enddarmes nicht eigentlich von den Seiten, sondern von der Mitte der hinteren Wand des Enddarmes ihren Ursprung nehmen, also an einer Stelle gemeinsam in den Enddarm münden. Diese Ausstülpungen sind die Anlage der Malphigischen Gefässe, die sich in Fig. 74 schon abzuschnüren beginnen.

In den folgenden Schnitten, vergleiche Fig. 75, haben sich die Malphigischen Gefässe vollständig vom Enddarm abgesondert, und liegen jederseits des äusseren Enddarmschenkels dem Amnion angelagert. Auf dem Querschnitt erscheinen sie kreisrund, mit starkem Epithel und kleinerem Lumen. Die Darmwülste beginnen an Grösse abzunehmen. Zwischen den beiden Darmschenkeln liegen die beiden Gänge, von denen vorher die Sprache war. Auf der Ventralseite je eine Tracheenanlage, die sich vom Ectoderm vollständig abgeschnürt hat und als ovales, plattgedrücktes Rohr erscheint.

Ein paar Schnitte darauf erreichen wir das hintere Ende des inneren Enddarmschenkels, welcher sich in zwei Ausstülpungen fortsetzt; das ist die Anlage des zweiten Paares der Malphigischen

Gefässe. In Gemeinschaft damit verkleinern sich die Darmwülste bedeutend, um im nächsten Schnitt zu verschwinden. Vergl. Fig. 76.

In Fig. 77 sind die Darmwülste verschwunden, ebenso das erste oder äussere Paar der Malphigischen Gefässe, das Mesoderm beginnt sich nach oben wieder zu schliessen und legt sich dem Enddarm dicht an.

Im nächsten Schnitt wenden sich die mittleren Gänge nach aussen und rücken der Peripherie zu, indem sie sich gleichzeitig hakenförmig krümmen, wie Fig. 78 darstellt, um schliesslich in Fig. 79 nach aussen zu münden. In Gemeinschaft damit greift das Mesoderm vollständig auf die Dorsalseite und verdrängt den Dotter gänzlich. Wir haben es also bei diesen Gängen nicht mit einem dritten Paar Malphigischer Gefässe zu thun, denn dieselben sind Anlagen vom Ectoderm her, während die Malphigischen Gefässe, wie wir sahen, durch Ausstülpungen vom inneren Schenkel des Enddarmes angelegt wurden. Der Enddarm mündet im nächsten Schnitt nach aussen, während das innere Paar der Malphigischen Gefässe sich noch ein Stückchen nach dem hinteren Pol zu fortsetzt, um bald darauf blind zu endigen. In den Fig. 77—80 erblicken wir in der Mitte des Eies, ventralwärts vom Enddarm mit seinen Anhängen, eine Dottermasse, die nicht mit in den späteren Mitteldarm aufgenommen, sondern vom Mesoderm aufgenommen und verbraucht wird, wie schon Kowalewsky[1]) richtig bemerkt.

Die nächste Veränderung, die im weiteren Verlauf der Entwickelung nun eintritt, ist eine Drehung des Enddarmes. Während im soeben besprochenen Stadium die Darmschenkel sich in einen äusseren und inneren unterscheiden liessen, beginnen dieselben sich jetzt umzulagern, bis sie schliesslich, wie Fig. 82 zeigt, nebeneinander liegen. Die Tracheen haben sich vollständig abgeschnürt und nach vorn und hinten ausgedehnt und sind zu je einem seitlichen Längsstamm verschmolzen. Die Einstülpungsöffnung im letzten Segment verschliesst sich nicht, sondern persistirt, und wird zu dem einzigen Stigma, mit dem jederseits die Tracheenstämme nach aussen münden.

Ist die Umlagerung der Darmschenkel vollzogen, so beginnen sich die Darmwülste zu strecken, indem sie sich dorsal- und ventral-

---

[1]) l. c.

wärts ausdehnen, wobei sie naturgemäss ihre uhrglasförmige Gestalt verlieren. In Gemeinschaft damit sondert sich die dunkler gefärbte zapfenartige Hervorragung des Mesoderms vom Mesoderm, streckt sich in die Länge und wird zur Muscularis des Mitteldarmes, wie Fig. 83, ein Schnitt durch die Mitte des Eies, zeigt. Das Bauchmark lässt ebenfalls eine Sonderung erkennen, indem jederseits ein Längsfaserstamm auftritt, der als heller, ovaler Fleck auf Querschnitten erscheint. Das Mesoderm dehnt sich nach dem Rücken hin aus, um später, wie wir sehen werden, sich dorsalwärts über dem Enddarm vollständig zu schliessen.

Wir kommen nun zur Betrachtung der Fig. 86, welche einen stark vergrösserten, horizontalen Längsschnitt durch die Mitte des Eies und zwar durch die Uebergangsstelle des Vorderdarmes in die Darmwülste von dem soeben besprochenen Stadium darstellt.

Wir bemerken bei *rd* den Vorderdarm, der sich nach unten schliesst. Wie wir sehen, ist derselbe gegen die Darmwülste nicht scharf abgesetzt, sondern sein Epithel geht direct in dasjenige der Darmwülste über. Seitlich ist das Darmepithel begrenzt durch die Muscularis, die sich ohne Unterbrechung auf den Vorderdarm fortsetzt. Sie lässt eine Sonderung in zwei Schichten unterscheiden und zwar in eine zarte äussere Längsmuskulatur und in eine innere starke Ringmuskulatur. Diese beiden Schichten konnten wir auch an dem Querschnitt Fig. 83 erkennen. Die Muscularis liegt dem Mesoderm dicht an und hat sich noch an keiner Stelle von demselben abgehoben.

Fig. 84 gibt einen Schnitt durch die Mitte eines Eies aus einem etwas älteren Stadium. Die Darmwülste haben sich noch mehr gestreckt und reichen durch die ganze Höhe des Eies vom Rücken bis zum Bauch. Eine grosse Veränderung gegen früher ist sofort zu erkennen. Die Darmwülste mit der Muscularis haben sich vom unterliegenden Mesoderm abgehoben und zwar nicht segmentweise, sondern gleichzeitig in der ganzen Länge des Eies. Der dadurch entstandene Hohlraum ist die Anlage der Leibeshöhle.

Im späteren Stadium wachsen sich die Darmwülste dorsalwärts und ventralwärts entgegen, bis sie sich berühren um schliesslich an ihren Enden zu verschmelzen. Damit ist die Bildung des Mitteldarmes vollendet. Fig. 85 ist ein Schnitt durch das hintere Ende des soeben besprochenen Stadiums. Auf der Bauchseite, dem

Bauchmark anliegend, ist der Mitteldarm sichtbar. Die Darmwülste haben sich bis zur Berührung genähert, sind aber noch nicht miteinander verschmolzen und zwar scheint die Vereinigung auf der Bauchseite ein klein wenig früher einzutreten als auf dem Rücken. Oberhalb des Mitteldarmes liegen die beiden Schenkel des Enddarmes, rechts und links davon die Tracheen. Im Darm bemerken wir Dotterzellen, auf diesem Schnitt nur eine, wohl der beste Beweis dafür, dass dieselben nicht zum Aufbau irgend eines Organes verwendet werden, sondern bloss zur Auflösung des Dotters dienen.

Zusammenfassung.

Die Blastodermbildung geht an der ganzen Peripherie des Eies gleichzeitig vor sich und bleiben dabei keine Zellen im Innern zurück.

Am hinteren Eipole liegen die Polzellen, die durch ihren Druck die Blastodermzellen nach innen drängen, sodass ein Plasmazapfen in das Innere des Eies hineinragt. Von diesem Zapfen lösen sich Zellen, Blastodermzellen ab, die in das Innere wandern und die sogenannten Dotterzellen darstellen, die bei *Musca* nicht zur Bildung irgend eines Organes verwendet werden, sondern bloss zur Auflösung des Dotters dienen.

Die Bildung der Keimblätter geschieht durch Einstülpung des Blastoderms in der ganzen Länge des Keimstreifens und stellt ein fast geschlossenes Rohr dar. Durch Faltenbildung auf der dorsalen Seite wird der Keimstreifen auf den Rücken hinübergezogen. Durch Abschnürung und darauffolgende Abplattung des Rohres entstehen die Keimblätter und zwar ein äusseres, das Ectoderm und ein inneres, Ento-Mesoderm, dessen Blätter miteinander verschmelzen.

Der Enddarm wird angelegt als Einstülpung im hinteren Theil des Keimstreifens, stellt also weiter nichts dar als eine Vertiefung desselben, und zwar zu einer Zeit, wo die Schliessung der Rinne noch nicht erfolgt ist; der Vorderdarm wird auf dieselbe Weise am vorderen Ende des Keimstreifens angelegt, aber etwas später.

Gleichzeitig mit der Anlage des Enddarmes geschieht die Bildung des Amnion, welches bei der Zusammenziehung der Bauchseite nach dem hinteren Pol ausgezogen wird und dann den grössten Theil des Rückens des Embryo bildet.

Die Polzellen wandern mit dem Keimstreifen auf den Rücken und in die Keimstreifrinne. Bei der Bildung des Enddarmes wandern sie in denselben hinein, um plötzlich zu verschwinden, während zu gleicher Zeit um den Enddarm herum eine Masse ebenso gefärbter und gleich grosser Zellen sichtbar werden, die ich mit den Polzellen in Verbindung bringen möchte. Das Durchwandern durch die Wandung des Enddarmes habe ich nicht beobachtet.

Der Mitteldarm wird angelegt durch zwei seitliche Wucherungen vom blinden Ende des Vorder- und Enddarmes aus. Diese Wülste wachsen sich entgegen, um sich in der Mitte des Eies zu vereinigen. Durch Streckung der Wülste und seitliches Wachsthum nach der Dorsal- und Ventralseite umschliessen sie zum Schluss den Dotter vollständig und bilden das Epithel des Mitteldarmes. Die Muscularis des Mitteldarmes bildet sich vom Mesoderm aus und umwächst in Gemeinschaft mit den Darmwülsten den Dotter. Durch Abheben der Wülste plus Muscularis vom Mesoderm wird die Leibeshöhle gebildet. Dann bricht der Enddarm und Vorderdarm nach dem vollständig geschlossenen Mitteldarm durch.

Die Tracheen entstehen durch taschenförmige Einstülpungen in jedem Segment, die sich nach vorn und hinten verlängern und sich jederseits zu einem Längsstamm vereinigen, während sich die Einstülpungsöffnungen bis auf die letzte verschliessen.

Die Malphigischen Gefässe werden als Ausstülpungen des Enddarmes, der Saugmagen als Ausstülpung des Vorderdarmes angelegt.

Die Speicheldrüsen entstehen durch Einstülpung des Ectoderms im vorderen Theil des Kopfes und werden getrennt angelegt. Später rücken sie aneinander und münden mit einem gemeinschaftlichen Ausführungsgang in den Beginn des Mundes.

Das Bauchmark wird angelegt durch eine Ausstülpung in der ganzen Länge des Keimstreifens, und durch zwei seitliche Wucherungen des Ectoderms, die den Seitensträngen Hatschek's[1] entsprechen. Ist das Bauchmark fertig ausgebildet, so stellt es sich dar als zusammengesetzt aus zwei Längsnervenfastersträngen, die

---

[1] Hatschek: Beiträge zur Entwickelungsgeschichte der Lepidopteren. Inaugural-Dissertation Leipzig.

umschlossen sind von Nervenzellen. Entsprechend jedem Segment sind die Nervenzellen getrennt durch eine ventrale Zellenmasse. Die Längsstämme liegen dicht aneinander, verschmelzen aber nicht, sondern sind an ihrer Berührungsstelle durch eine feine Zellenlage geschieden. Im Verlauf der späteren Entwickelung verkürzt sich, wie Weissmann[1]) richtig bemerkt hat, das Bauchmark ganz beträchtlich, lässt dabei aber immer, wie ich im Gegensatz zu Weissmann constatiren muss, eine Andeutung der früheren Segmente durch Einschnürungen erkennen. In Betreff der Bildung des Gehirns möchte ich mich der Anschauung Hatschek's anschliessen, dass dasselbe aus zwei seitlichen Parthieen vom Ectoderm aus selbstständig angelegt wird und erst später mit dem Bauchmark in Verbindung tritt, jedoch bin ich nicht in der Lage, die Frage endgültig zu erledigen, da meine Schnitte an dieser Stelle die gewünschte Klarheit vermissen liessen.

In Bezug auf meine vorläufige Mittheilung im Zoologischen Anzeiger[1]) möchte ich schliesslich noch bemerken, dass dieselbe insofern einer Besichtigung bedarf als es mir, wie aus vorliegender Arbeit hervorgeht, bei nochmaliger genauer Nachuntersuchung, gelungen ist, die erste Anlage des Mitteldarmes am hinteren Ende des Eies gleichfalls aufzufinden. Der Vorgang ist derselbe wie am vorderen Pol, und wird die Mitteldarmwandung angelegt durch Vermehrung der Endzellen des Enddarmes.

---

[1]) l. c.

Literaturangabe.

Wittaczil. Entwickelungsgeschichte der Aphiden. Zeitschr. f. wissenschaftl. Zool., Bd. 40.

Henking. Die ersten Entwickelungsvorgänge im Fliegenei und freie Kernbildung. Zeitschr. f. wissenschaftl. Zool., Bd. 46, II. Heft.

Weissmann. Die Entwickelung der Dipteren. Leipzig 1864.

Blochmann. Ueber die Richtungskörperchen bei Insecten. Morpholog. Jahrbuch XII, 1887.

Kowalowsky. Zur embryonalen Entwickelung der Musciden. Biolog. Centralblatt. 1887. pag. 49.

Kowalewsky. Embryologische Studien an Würmern und Anthropoden. Mem. de l'Acad. des sciences de St. Petersbourg, VII ser. Tom. 16.

Heider. Ueber die Anlage der Keimblätter bei *Hydrophilus*. Abhandl. der kgl. preuss. Acad. der Wissenschaften. Berlin 1885

Mecznikoff. Embryologische Studien an Insecten. Zeitschr. f. wissenschaftl. Zool., Bd. 16.

Graber. Die Insecten, II. Theil, pag. 403, Fig. 118, in: „Die Naturkräfte", Bd. 22. München 1879.

Cholodkowsky. Ueber die Bildung des Entoderms bei *Blatta*. Zool. Anz. 1888, pag. 165.

Weissmann. Beiträge zur Kenntniss der ersten Entwickelungsvorgänge im Insectenei. Henle von seinen Schülern dargebracht. Bonn 1882. In den Beiträgen zu Anat. u. Physiologie.

Bütschli. Zur Entwickelungsgeschichte der Biene. Zeitschr. f. wissenschaftl. Zool., Bd. 20, 1870.

Hatschek. Beiträge zur Entwickelungsgeschichte der Lepidopteren. Leipzig. Inaugural-Dissertation.

Nachtrag.

Nach Absendung meiner Arbeit über die Embryonalentwickelung der *Musca vomitoria* geht mir soeben das neueste Heft des Morphologischen Jahrbuches von Gegenbauer, Bd. 14, Heft 1, zu, mit dem Artikel von O. Bütschli: „Bemerkungen über die Entwickelungsgeschichte von *Musca*".

Der Verfasser kommt darin, da ihm die späteren Entwickelungsstadien fehlten, von falschen Voraussetzungen ausgehend zu falschen Schlüssen, auf die näher einzugehen nicht nothwendig ist, da sie durch vorliegende Arbeit in genügender Weise widerlegt werden. In seiner Fig. *b* beschreibt er seitlich der Einstülpung je eine Ausstülpung derselben, die er für Mesodermfortsetzungen hält und in Beziehung zu den Coelomdivertikeln von Sagitta u. s. w. bringen möchte. Ich habe diese Ausstülpungen auch gesehen; es sind nichts weiter als seitlich auftretende Faltenbildungen der Enddarmanlage, die später wieder verschwinden. In Bezug auf die übrigen Punkte verweise ich auf meine Arbeit.

Würzburg, 1. October 1888.

Figuren-Erklärung.

Tafel I—IV.

Fig. 1. Schnitt durch das erste Drittel des Eies. Die ersten beiden Furchungskerne getroffen, der rechte in Theilung. khl = äusseres Keimhautblastem. d = Dotter. Vergr. $^{300}/_1$.

„ 2. Längsschnitt durch das ganze Ei. Vergr. $^{70}/_1$. Bei k vier Furchungskerne.
    Sp = zwei Spermatozoen nebst dem von ihnen durchlaufenen Weg. Der rechte lässt Spermakerne erkennen.
    kb = äusseres Keimhautblastem.

„ 3. Rechter Spermakern vergrössert. Vergr. $^{300}/_1$.
    Spk = Spermakern.
    d = Dotter.
    kb = äusseres Keimhautblastem.
    pl = homogenes Plasma, der vom Spermakern durchlaufene Weg.

„ 4. Längsschnitt durch ein Ei mit circa 16 Furchungskernen.
    k = Plasmahöfe mit hellen Kernen. Vergr. $^{80}/_1$.

„ 5. Furchungskerne in Gestalt eines Cylindermantels angeordnet.

„ 6. Längsschnitt durch dasselbe Stadium. Einige Plasmahöfe stark vergrössert. Vergr. $^{300}/_1$. Plasmahöfe strahlig ausgezogen, miteinander an einigen Stellen zusammenhängend. In einigen blasse Kerne sichtbar.
    d = Dotter.

„ 7. Vergr. $^{70}/_1$. Blastoderm in der Anlage begriffen. Die einzelnen Zellen beginnen sich abzugrenzen.
    bl = Blastodermkerne.
    ik = inneres Keimhautblastem.
    d = Dotter.

„ 8. Längsschnitt durch ein etwas weiter vorgeschrittenes Ei. Das innere Keimhautblastem fertig gebildet, vom Blastoderm durch eine Dotterzone getrennt. Vergr. $^{70}/_1$.
    bl = Blastoderm. ps = Polzellen.
    d' = trennende Dotterschicht. p = Plasmazapfen.
    d = Dotter. dz = Dotterzellen.
    ik = inneres Keimhautblastem.

„ 9.
„ 10. } Plasmazapfen stark vergrössert. Vergr. $^{300}/_1$. Buchstabenerklärung
„ 11.   wie Fig. 8. blz = einwandernde Blastodermzellen.

„ 12. Wie Fig. 8. Vergr. $^{170}/_1$.
    kk = Kernkörperchen.

Fig. 13. Blastodermzellen sehr langgestreckt. Die trennende Dotterzone verschwunden. Blastodermzellen durch Reagentien voneinander isolirt, sitzen dem inneren Keimhautblastem direct auf. Wie Fig. 8
„ 14. Sagittalschnitt durch die Achse des Eies. Vergr. $^{48}/_1$.
  ed = Enddarm. kf = Kopfabschnürung.
  am = Amnion. m = inneres Blatt.
  ec = Ectoderm. d = Dotter.
„ 15. Bezeichnung ebenso wie in Fig. 14.
  pz = Polzellen im Enddarm liegend.
  af = After.
„ 16. Vergr. $^{48}/_1$. In Bergamotöl aufgehelltes Ei. Optischer Schnitt durch die Mitte des Eies. An die Oberfläche steigende Furchungskerne k.
„ 17. Diese und die folgenden Figuren bis Fig. 22 b sind in Bergamotöl aufgehellte Eier. Der Dotter erscheint stets schwarz. Die Zellen des Blastoderms und des Keimstreifens hell.
  kf = Kopffalte.
  $kstrf$ = Keimstreif, der auf den Rücken übergreift.
  bl = Blastoderm.
  Das Ei von der Seite.
„ 18. Dasselbe Ei vom Rücken. Bezeichnung dieselbe.
  h = herzförmiger Ausschnitt am blinden Ende der Keimstreifrinne.
„ 19 a u. b. Etwas späteres Stadium. Auf der Rückenseite starke Faltenbildung. ed = Anlage des Enddarmes.
  a. von der Seite.
  b. vom Rücken.
„ 20 a u. b. Späteres Stadium. a. von der Seite, b. vom Rücken.
  br = Dotterbrücke.
  ed = Enddarmanlage.
  am = Amnion.
„ 21 a u. b. a. von der Seite, b. vom Rücken.
  br = Dotterbrücke.
  ed = Enddarm.
  d = Dotter.
  s = beginnende Segmentbildung.
„ 22 a u. b. a. von der Seite, b. vom Rücken.
„ 23 bis 29. Querschnitte aus derselben Serie. Anlage des Keimstreifens auf der Bauchseite.
  bl = Blastoderm.
  $kstrf$ = Keimstreif.
  kr = Keimstreifrinne.
  d = Dotter.
  pz = Polzellen.
„ 30. Etwas späteres Stadium. Keimstreif greift auf den Rücken hinüber. Keimstreifrinne auf der Bauchseite fast geschlossen. In der Rinne auf dem Rücken die Polzellen bei pz sichtbar.

Fig. 31. Etwas späteres Stadium. Das Rohr auf der Ventralseite zusammengefallen und in zwei Blätter unterschieden. Einstülpungsöffnung beinahe verschlossen. In der Rinne auf dem Rücken Polzellen sichtbar.
„ 32 bis 37. Etwas älteres Ei.
„ 33. *ed* = blindes Ende des Enddarmes.
    s = seitliche Falten, die später verschwinden.
„ 38 bis 44. Querschnitte aus einem etwas älteren Stadium, welches Fig. 20 *a* u. *b* darstellt. Figurenbezeichnung wie früher.
„ 45 bis 47. Querschnitte durch den Kopftheil eines etwas älteren Stadiums, um die Anlage des Vorderdarmes zu zeigen.
    ed = Vorderdarm.
„ 48. Schnitt durch die Mitte eines etwas älteren Eies. Die Zellen des inneren Blattes verschmelzen miteinander.
„ 49 bis 60. Querschnittsserie eines etwas älteren Eies.
    m = Mesoderm.   *ed* = Enddarm.
    vd = Vorderdarm.   *am* = Amnion.
    n = Nervenfurche.   *tr* = Trachealanlage.
    dw = Dotterwülste.   *g* = neu auftretende Gänge.
    pz? = hypothetische Zellen   *g'* = Mündung derselben nach aussen.
„ 61 bis 81. Querschnittsserie vom folgenden Stadium.
    sm = Saugmagen.   *mu* = Anlage der Muscularis des Mitteldarmes.
    sp = Speicheldrüsen.
    v = Verdickung des Ecto-   *mp* = Malphigische Gefässe.
    derms.   *A* = After.
    Die übrigen Buchstaben wie vorher.
„ 82. Umlagerung der Darmschenkel.
„ 83. Darmwülste strecken sich, ebenso Muscularis des Mitteldarmes.
„ 84. Darmwülste haben sich noch mehr gestreckt und mit der Muscularis zusammen vom Mesoderm abgehoben, dadurch die Leibeshöhle bildend.
    Lh = Leibeshöhle.
„ 85. Querschnitt durch das hintere Ende des Eies. Mitteldarm beinahe geschlossen.
„ 86. Horizontaler Längsschnitt durch die Achse eines Eies, um den Uebergang des Vorderdarmes in die Darmwülste zu zeigen. Vergr. $^{100}/_1$.

Melolontha vulgaris.
Ein Beitrag zur Entwickelung im Ei bei Insecten.

Von
DR. PHIL. ALFRED VOELTZKOW
in Würzburg.

Mit Tafel V.

Bei meinen Untersuchungen über die Entwickelung von *Musca vomitoria*[1]) wurde ich naturgemäss dazu geführt, auch die Embryonalentwickelung anderer Insecten zu studiren, und zwar hauptsächlich zu dem Zwecke, um zu sehen, ob ich für die eigenthümliche Bildung des Mitteldarmes bei *Musca* in einer anderen Insectenklasse ein Analogon finden könne. Da mir gerade Eier von *Melolontha vulgaris*, die mein Freund Herr Dr. Franz Stuhlmann früher conservirt und mir zur Verfügung gestellt hatte, zur Hand waren, und es bei der vorgerückten Jahreszeit für mich mit grossen Schwierigkeiten verknüpft war, mir passendes Material sonstwie zu verschaffen, so habe ich mich mit der Bearbeitung derselben beschäftigt, trotzdem ich nach den eingehenden Untersuchungen Kowalewsky's[2]) und Heider's[3]) über *Hydrophilus* eigentlich nicht erwarten konnte, eine ähnliche Anlage des Mitteldarmes bei Käfern anzutreffen.

---

[1]) A. Voeltzkow: Entwickelung von *Musca vomitoria* im Ei. Arbeit. a. d. zool.-zoot. Institut d. Universität Würzburg, von C. Semper, Bd. IX.

[2]) Kowalewsky: Embryologische Studien an Würmern und Arthropoden. In: Memoires de l'Academie imperiale des sciences de St. Petersbourg, VII. ser., Bd. 16.

[3]) K. Heider: Ueber die Anlage der Keimblätter bei *Hydrophilus*. In: Abhandl. d. kgl. Acad. d. Wissenschaften zu Berlin, 1885.

Zu meiner grossen Freude fand ich in den Eiern von *Melolontha* ein vorzügliches Object, welches gerade in Bezug auf die Anlage des Mitteldarmes sich in vollster Uebereinstimmung mit derjenigen bei *Musca vomitoria* erwies. Für freundliche Ueberlassung des Materials sage ich Herrn Dr. Franz Stuhlmann, für Ueberlassung eines Arbeitsplatzes im zool.-zoot. Institut der Universität Würzburg meinem verehrten Lehrer Herrn Professor Dr. C. Semper meinen herzlichsten Dank.

Die Eier waren in Ermangelung von Erde an auf dem Boden liegende Blätter abgelegt, und klebten an denselben fest. Sie haben eine Länge von 2,25 und eine Breite von 0,9 mm. Sie sind länglich oval, ohne dass man eine Vorder- und Hinterseite unterscheiden kann. Die Eier wurden in heissem Wasser abgetödtet, in Alkohol gehärtet, und in toto, nach Abpräpariren der Embryonalhäute, in Boraxcarmin gefärbt.

Ueber die ersten Entwickelungsvorgänge im Ei von *Melolontha* habe ich keine Beobachtungen, da mir kein Material darüber zur Verfügung stand. Bei den jüngsten Stadien, die zur Untersuchung kamen, war das Blastoderm bereits fertig angelegt als eine einfache Lage cylindrischer Zellen, die den Dotter rings umgaben. Dadurch, dass die Zellen der Ventralseite an Höhe gewinnen und eine dickere Schicht darstellen, wird der Keimstreifen angelegt.

Die Bildung der Keimblätter geht in der Weise vor sich, wie sie Kowalewsky[1]) für Insecten zuerst beschrieben hat, nämlich durch Einstülpung in der Mittellinie des Keimstreifens, dadurch entstehende Bildung einer Rinne, die sich zu einem Rohr umwandelt, wie ich es ja auch ausführlich für *Musca* beschrieben habe, Abplattung des Rohres in dorso-ventraler Richtung und Verschmelzung der Zellen desselben, verbunden mit gleichzeitiger Abschnürung des Rohres vom Blastoderm und dadurch erfolgende Sonderung in ein äusseres und inneres Blatt.

Während dieser Vorgänge wächst der Keimstreifen nach dem vorderen und hinteren Ende des Eies zu, und tritt am hinteren Pol auf den Rücken über, indem er sich hier gleichzeitig in den Dotter einsenkt und also an dieser Stelle gleichsam eine Art inneren Keimstreifen darstellt.

---

[1]) l. c.

Ist die Entwickelung des Keimstreifens soweit vorgeschritten, so erfolgt die Anlage des Bauchmarks, indem längs der Medianlinie des Keimstreifens eine Einsenkung auftritt, während sich zu beiden Seiten der Rinne eine Verdickung des Ectoderms und Erhebung zu je einem Wulst erkennen lässt. Dieser mittlere Theil stülpt sich später tiefer ein, und zu gleicher Zeit differenziren sich die seitlichen Wülste schärfer und schnüren sich vom Ectoderm ab, um zu den Seitensträngen Hatschek's[1]) zu werden. Diesen Vorgang werden wir im Lauf der Untersuchung noch genauer besprechen.

Wir kommen nun zu der Veränderung, die das untere Blatt des Keimstreifens erleidet. Wie schon oben bemerkt, verschmelzen bei der Sonderung in ein oberes und ein unteres Blatt die Zellen des unteren Blattes vollständig miteinander, sodass keine Spur des vorher vorhandenen Rohres oder Spaltes mehr zu entdecken ist. Ich befinde mich hier durchaus im Gegensatz zu Heider[2]), der für *Hydrophilus* eine Sonderung der Zellen des Mesoderms in eine äussere und innere Lage beschreibt, und als Beweis dafür eine Verschiedenheit der beiden Zelllagen in Bezug auf Gestalt und Färbbarkeit anführt. Heider fasst diese innere Lage des unteren Blattes als Ectoderm auf und lässt daraus das Epithel des Mitteldarmes entstehen. Ich muss nun bemerken, dass ich von einer derartigen Sonderung des unteren Blattes in zwei voneinander verschiedenen Zelllagen nichts bemerken konnte, und die Beobachtung Heiders für irrthümlich halte, zumal die Zellen des unteren Blattes mit der Bildung des Mitteldarmes gar nichts zu thun haben, das Epithel des Mitteldarmes vielmehr, wie wir sehen werden, einen ganz anderen Ursprung hat und in seiner Bildungsweise durchaus den von mir für *Musca* beschriebenen Befund darbietet.

Wie Heider[3]) richtig beschreibt, ziehen sich, nachdem die Sonderung der beiden Keimblätter erfolgt ist, die Zellen des Mesoderms längs der Medianlinie des Keimstreifens zurück, und der Dotter tritt bis an das Ectoderm oder besser an das Bauchmark heran. Ist die Entwickelung soweit vorgeschritten, so tritt die Bildung der Segmentalhöhlen auf, und zwar durch Spaltung der

---

[1]) Hatschek: Beiträge zur Entwickelungsgeschichte der Lepidopteren. Inaugural-Dissertation, Leipzig 1877.
[2]) l. c.
[3]) Heider: l. c.

lateralen Parthie des Mesoderms, wobei sich eine Lage von Zellen vom Mesoderm abhebt. Die Segmentalhöhlen haben dann ungefähr die Form eines spitzen Dreiecks und haben in diesem Stadium auf der dem Dotter zugewendeten Seite nur eine einzige Reihe von Zellen, wie es Heider bei *Hydrophilus*, Tafel II, Fig. 26, auch zeichnet. Sie entstehen nicht durch einmalige Abspaltung in der ganzen Länge des Eies, sondern legen sich segmentweise an und sind auf der Grenze je zweier Segmente durch eine solide Masse von Zellen voneinander geschieden. In Bezug auf die Anlage der Segmentalhöhlen vertrete ich also, wie eben bemerkt, denselben Standpunkt wie Heider, der bei *Hydrophilus* dieselbe gleichfalls durch Spaltung des Mesoderms entstehen lässt, und nicht wie Kowalewsky[1]) will, durch Umbiegen der lateralen Ränder des Mesoderms. Die Begrenzungszellen der Segmentalhöhlen nehmen dabei etwas an Höhe zu und stellen eine Art Cylinderepithel dar.

Später tritt eine Vermehrung der Zellenlage der Segmentalhöhlen, die dem Dotter zugewendet ist, ein, sodass wir an dieser Stelle eine halbkugelige Masse von Zellen erblicken, die in den Dotter hineinragt, wie Fig. 9 zeigt, aus der, wie ich jetzt schon erwähnen will, und wie Heider richtig vermuthet, die Muscularis des Mitteldarmes sich bildet.

Wir kommen nun zu dem wichtigsten Punkt vorliegender Abhandlung, nämlich zur Frage nach der Bildung des Mitteldarmes. Die Anlage desselben erfolgt nach Ausbildung der Segmentalhöhlen, geschieht vom Enddarm und Vorderdarm aus und ist, wie ich schon jetzt vorausschicken will, ectodermalen Ursprunges. Betrachten wir zum Beweis die Querschnitte durch das betreffende Stadium, welches uns diese Verhältnisse zuerst vor Augen führt.

Fig. 1 ist ein Querschnitt, gelegt durch das hintere Ende des Vorderdarmes, kurz vor seinem blinden Ende. Wir erkennen nach aussen das Ectoderm *ec*, bestehend aus einer breiten Lage von Zellen, darauf folgt eine Lage etwas locker aneinander gefügter Zellen, das ist das Mesoderm. In der Mitte endlich erblicken wir den Vorderdarm als starkwandiges Rohr mit weitem Lumen. Wir sehen, dass der Vorderdarm scharf gegen das Mesoderm abgesetzt ist und eine bedeutend dunklere Färbung als das Mesoderm zeigt.

---

[1]) l. c.

Nach oben, an der dem Dotter zugewendeten Seite ist eine starke Vermehrung der Zellen des Vorderdarmes eingetreten, welche ein dickes Zellpolster bilden. Die Zellen der Vorderdarmwandung gehen direct in die des Polsters über, ohne irgend welchen Unterschied in Bezug auf Gestalt und Färbung darzubieten. Die Zellen des Polsters sind gegen das Mesoderm gleichfalls scharf abgesetzt.

Es muss jeder ohne weiteres zugeben, dass die Zellen des Polsters durch Vermehrung oder Wucherung der Zellen der Vorderdarmwandung entstanden und also ectodormalen Ursprunges sind. Diese soeben besprochene Zellmasse ist die erste Anlage der Zellen, von denen aus, wie wir sehen werden, das Epithel des Mitteldarmes seinen Ursprung nimmt. Die Zellen des Polsters, welche dem Mesoderm zugewendet sind, zeichnen sich stets dadurch aus, dass sie in einer Lage nebeneinander liegen, ungefähr quadratisch geformt sind und einen grossen Kern enthalten, welcher der dem Mesoderm zugewendeten Zellgrenze aufsitzt, einen Befund, dem wir später noch öfter begegnen werden.

Betrachten wir nun die darauf nach hinten folgenden Schnitte, so bemerken wir beinahe dasselbe Bild, bloss mit dem Unterschied, dass das Lumen des Vorderdarms von oben nach unten sich verringert und die Mitteldarmanlage in Folge dessen auch etwas nach unten hin rückt, bis wir ungefähr im 4. Schnitt, nach dem zuerst besprochenen, das blinde Ende des Vorderdarmes antreffen (siehe Fig. 2). Wir finden wieder das Ectoderm, welches seitlich je eine Ausstülpung, die Anlage des ersten Extremitätenpaares, darbietet. Die Mitteldarmanlage erkennen wir als mediane Zellenmasse, die nach unten gerückt und gegen das Mesoderm scharf abgesetzt ist. Im nächsten Schnitt verschwindet diese Zellenmasse. Im Dotter liegen einige Dotterzellen. Wir haben also gesehen, dass in diesem Stadium die Anlage des Mitteldarmes auf das blinde Ende des Vorderdarmes beschränkt ist, sich bis jetzt noch nicht seitlich und nach hinten ausgedehnt hat und durch Vermehrung der Zellen der Vorderdarmwandung entstanden ist.

Von diesem Stadium der ersten Anlage bis zur fertigen Bildung des Mitteldarmes besitze ich sämmtliche Uebergänge, die wir sogleich studiren wollen.

Betrachten wir zunächst nun die Verhältnisse am hinteren Theil des Eies in diesem Stadium. Wie schon oben erwähnt schlägt sich der Keimstreifen auf den Rücken über, indem er sich gleichzeitig in den Dotter einsenkt. Wir treffen desshalb im hinteren Theil des Eies den Keimstreifen doppelt auf Schnitten. Die Mitteldarmanlage erfolgt nun am hinteren Theil des Keimstreifens, also an dem im Dotter gelegenen Ende desselben. Sie erfolgt zur selben Zeit wie am Vorderdarm, ist aber nicht so deutlich erkennbar wie dort, da das Bild durch die gleichzeitige Anlage der Malphigischen Gefässe etwas complicirt wird. Da ich zur Veranschaulichung dieser Verhältnisse eine ganze Serie von Zeichnungen durch die betreffende Stelle geben müsste, so habe ich, um Figuren zu sparen, darauf verzichtet. Die Darmanlage erfolgt in derselben Weise wie am Vorderdarm durch Vermehrung der Zellen der Enddarmwandung, und ist in diesem Stadium auch erst in den ersten Anfängen vorhanden als Zellhaufen, der vom Enddarm aus etwas in den Dotter hineinragt, ohne sich seitlich oder nach vorn ausgedehnt zu haben. Das Bauchmark stellt eine röhrenförmige Einstülpung dar, während sich jederseits desselben durch Wucherung der ectodermalen Wülste die Seitenstränge anlegen.

Betrachten wir nun die fernere Ausbildung der Mitteldarmanlage. Fig. 3 ist wieder ein Schnitt durch das hintere Ende des Vorderdarmes, von einem Stadium, welches ein wenig älter als das vorhergehende ist. Wir erblicken wieder das Ectoderm, welches seitlich je eine Ausstülpung, die Anlage des ersten Gliedmassenpaares, aufweist. In der Mittellinie des Bauches sehen wir die Einstülpung des Nervensystems ohne bis jetzt erfolgte Differenzirung der Seitenstränge, die am vorderen Ende am spätesten auftritt. Die Zellen des Mesoderms liegen locker nebeneinander und haben sich durch gegenseitigen Druck nicht abgeplattet, wie es im ganzen Ei, mit Ausnahme des Kopfes der Fall ist. In der Mitte erblicken wir das hinterste Ende des Vorderdarmes, dessen Zellen sich in die der Darmwülste fortsetzen. Die Zellen des Mitteldarmes sind scharf gegen das Mesoderm abgesetzt. Die Mitteldarmanlage zeigt deutlich eine gleichmässige Ausdehnung in lateraler Richtung. Ein paar Schnitte weiter, Fig. 4, haben sich die Darmwülste noch mehr seitlich ausgedehnt, ein Verhalten, welches sich in den folgenden Schnitten immer mehr ausprägt, bis sie schliesslich in der Mitte ihre Verbindung lösen und seitlich sich dem Mesoderm anlegen, während der Dotter in die Lücke zwischen sie tritt. In den folgenden

Schnitten verlieren die Darmwülste an Grösse und verschwinden dann vollständig.

Im hinteren Ende des Eies ist gleichfalls eine weitere Ausbildung der Mitteldarmanlage eingetreten, indem dieselbe nach vorn gewachsen ist, sich seitlich ausgedehnt und dem Mesoderm angelegt hat. Wir treffen hier denselben Befund wie bei *Musca romitoria*, indem nämlich die Darmwülste durch den Dotter hindurch nach dem auf der Bauchseite gelegenen Theil des Keimstreifens zu wachsen, bis sie schliesslich das Mesoderm der Ventralseite erreichen und sich den Segmentalhöhlen anlegen.

Die nächste nun sichtbar werdende Veränderung ist die, dass durch die stärkere Ausprägung der Segmentirung der Keimstreifen wieder ganz auf die Bauchseite zurückgezogen wird, und der After dadurch an das hinterste Ende des Eies rückt. In Gemeinschaft damit beginnen die Darmwülste nach der Eimitte hin zu wachsen und stellen je zwei den Segmentalhöhlen anliegende Zellstränge dar, die sich aber noch nicht bis zur Berührung genähert haben, sondern noch ungefähr $1/4$ der Eilänge Raum zwischen sich lassen.

Ein derartig weit entwickeltes Stadium wird Heider bei *Hydrophilus* gesehen haben, denn er beschreibt bei der Schilderung der Mitteldarmbildung, dass der Mitteldarm aus je zwei seitlichen Partieen von vorn und hinten aus angelegt werde, die später erst durch Wachsthum nach der Eimitte zu miteinander in Verbindung treten.

Gehen wir nun zur Betrachtung der Querschnitte aus diesem Stadium über.

Fig. 6 ist ein Schnitt, gelegt durch den Kopftheil des Embryo. Nach aussen erblicken wir das Ectoderm, welches auf der Bauchseite jederseits der Medianlinie eine Ausstülpung, die Anlage der Mundwerkzeuge, erkennen lässt, ausserdem je eine Einstülpung, die Anlage der Speicheldrüsen. Oberhalb dieser Einstülpung liegt je ein ovales Rohr, die quergeschnittenen Speicheldrüsen, deren Verbindung mit der Einstülpung in den vorhergehenden Schnitten deutlich sichtbar ist. In der Mittellinie des Bauches der tiefe Einschnitt ist die Mundeinstülpung, die ein paar Schnitte vorher sich in den Vorderdarm fortsetzt. Die Zellen des Mesoderms liegen locker aneinander, ein Verhalten, welches für den Kopftheil characteristisch ist. In der Mitte bemerken wir den Vorderdarm als dickwandiges Rohr von ovaler Gestalt, welches nach innen die Anlage des

Saugmagens sichtbar werden lässt, der als Ausstülpung vom Vorderdarm aus angelegt wird. Um den Vorderdarm herum haben sich die Zellen des Mesoderms gesetzmässig angeordnet zur Bildung der Muskulatur des Vorderdarmes. Nach dem Rücken zu setzt sich das Ectoderm fort in das Amnion, welches aus lang ausgezogenen spindelförmigen Zellen gebildet wird.

Ein paar Schnitte weiter nach hinten treffen wir das Ende des Vorderdarmes, der in diesem Stadium, ebenso wie der Enddarm, schon nach dem Dotter zu durchgebrochen ist. Dieser Vorgang tritt hier sehr früh ein, im Gegensatz zu *Musca*, bei der Vorder- und Enddarm erst nach fertiger Ausbildung des Mitteldarmes nach demselben durchbrechen.

An seinem hinteren Ende zeigt der Vorderdarm, ebenso wie der Enddarm in diesem Stadium, die Eigenthümlichkeit, dass die Wandung desselben nach der dem Dotter zugewendeten Seite immer dünner wird und sich in eine ganz feine Lage spindelförmiger Zellen auszieht, sodass es bei oberflächlicher Untersuchung den Anschein haben könnte, derselbe sei nach dem Dotter, also nach dem Rücken zu, geöffnet.

Die Darmwülste legen sich dem unteren Theil der Vorderdarmwandung an, haben sich aber seitlich beträchtlich ausgebreitet.

Fig. 7 ist ein Schnitt kurz hinter der Endigung des Vorderdarmes. Wir sehen, dass die Darmwülste sich seitlich ausgebreitet und in der Mitte getrennt haben. Sie zeigen das schon öfter besprochene characteristische Aussehen und sind gegen das Mesoderm scharf abgesetzt, auch ist ihre Färbung dunkler, als die des Mesoderms. Das Nervensystem hat sich schärfer ausgebildet und lässt deutlich den mittleren eingestülpten Theil und die beiden Seitenstränge erkennen. Das Bild ist dasselbe, wie es auch Heider für *Hydrophilus* zeichnet.

In den folgenden Schnitten weichen die Darmwülste immer mehr von der Mittellinie zurück, indem sie dabei gleichzeitig sich verkürzen und an die Segmentalhöhlen anlegen. Fig. 8 zeigt einen Schnitt durch die Mitte der vorderen Hälfte, der uns diese Verhältnisse vor Augen führt. Wir bemerken aussen das Ectoderm, dessen Zellen, wie auch in den früheren Schnitten, nach dem Bauchmark zu an Grösse und Höhe abnehmen. Auf der Ventralseite ist ein Extremitätenpaar quer getroffen. Am Nervensystem sehen wir das erste Auftreten einer Quercommissur zwischen den Seitensträngen. Der Dotter reicht bis an das Bauchmark heran. Unterhalb des Ectoderms liegt das Mesoderm, zusammengesetzt aus dicht aneinander liegenden Zellen. Seitlich am Rande des Mesoderms sind die Segmentalhöhlen sichtbar, deren nach dem Dotter zugewendete Seite in ein dickes Zellpolster, welches in den Dotter hineinragt, sich verlängert hat. Diesem Zellpolster aufsitzend finden wir die Darmwülste, die sich gegen das unterliegende Polster scharf absetzen. Die Zellen sind länglich geformt und enthalten einen ovalen Kern. Im Dotter einige Dotterzellen.

Einige Schnitte weiter nach hinten verschwinden die Darmwülste, und wir erhalten das in Fig. 9 gezeichnete Bild. Dasselbe bietet uns ausser dem Verschwinden der Darmwülste nichts Neues. Durch ungefähr 30 Schnitte erhalten wir mit geringen Abänderungen immer dasselbe Bild; dann treten die Darmwülste wieder auf, und die Schnitte zeigen dasselbe Aussehen wie Fig. 8.

Schreiten wir noch weiter nach dem hinteren Pol zu, so bemerken wir, dass die Darmwülste an Grösse zunehmen, sich dabei aber nur wenig seitlich, sondern mehr nach innen, also nach dem Dotter zu ausdehnen. Fig. 10 zeigt uns einen Schnitt, in welchem diese Wülste schon sehr weit nach innen reichen. Gleichzeitig damit sondert sich vom Mesoderm aus eine Zellenmasse, die den Theil des Dotters, der durch das Längenwachsthum der Darmwülste von der oberen Parthie des Dotters abgeschnürt wird, mit einer einfachen Lage von Zellen umgiebt. Dieser abgeschnürte Theil wird später vom Mesoderm vollständig verdrängt, ganz so wie bei *Musca*.

Oben zwischen den Darmwülsten bemerken wir ein paar einzelne Zellen, dies sind Zellen der Enddarmwandung. In den nächsten Schnitten sehen wir, dass die Zellen der Darmwülste sich direct an die Enddarmwandung anlegen und in deren Zellen fortsetzen. Gleich darauf verschwinden die Darmwülste. Fig. 12 zeigt uns die Anlage der Malphigischen Gefässe, die in Fig. 11 oben erst angedeutet ist, ganz klar. Dieselben enstehen, wie bei anderen Insecten auch, als Ausstülpungen des Enddarmes, und zwar hier bei *Melolontha* in der Zahl von je 3, also zusammen 6. Von den Darmwülsten sind bloss noch Reste bei *w d* vorhanden, die im nächsten Schnitt aber auch verschwinden. Etwas weiter nach dem hinteren Pol zu treffen wir, wie Fig. 13 zeigt, den Enddarm als starkes sechsseitiges Rohr, jede Ecke entsprechend der Anlage eines Malphigischen Gefässes. Die Malphigischen Gefässe selbst in der Sechszahl ventralwärts vom Enddarm. Die abgeschnürte Dotterparthie zwischen Enddarm und Bauchmark ist viel kleiner geworden und verschwindet ein paar Schnitte weiter vollständig.

Die weitere Entwickelung besteht nun darin, dass die Darmwülste nach der Mitte des Eies hin noch weiter wachsen, bis sie sich schliesslich berühren und miteinander verschmelzen. Die Mitteldarmanlage stellt sich also in diesem Stadium dar, als ein jederseits der Segmentalhöhlen verlaufender Zellstrang, der vom Ende des Vorderdarmes bis zum Hinterdarm reicht, sich aber seitlich noch nicht ausgedehnt hat. Nun beginnen sich die Darmwülste nach der Ventralseite hin auszudehnen, während gleichzeitig das Ectoderm weiter nach dem Rücken hin wächst.

Fig. 14 ist ein Theil eines Schnittes durch dieses Stadium bei starker Vergrösserung. Wir sehen deutlich die Streckung der Darmwülste nach der Bauchseite, ohne dass eine Zellvermehrung nach dem Dotter zu eintritt. Die Zellen der Darmwülste zeigen deutlich das schon öfter besprochene characteristische Aussehen. Hand in Hand mit der Streckung der Darmwülste geht die Streckung der unterliegenden Zelllage, aus der, wie deutlich zu ersehen ist, die Muscularis des Mitteldarmes sich bildet. Dieselbe lässt in diesem Stadium noch keine Sonderung in Ring- und Längsmuskulatur erkennen. Die Muscularis bildet sich, wie wir durch Vergleichung mit den Schnitten aus früheren Stadien ersehen, durch Streckung des den Segmentalhöhlen anliegenden Zellpolsters. Die Zellen des Mesoderms liegen nicht mehr so fest wie früher aneinander, sondern haben ihren Zusammenhang etwas gelockert.

Bei fortschreitender Entwickelung wächst das Ectoderm immer weiter nach dem Rücken zu, während sich in Gemeinschaft damit die Darmwülste nach der Ventralseite hin ausdehnen. Betrachten wir einen Schnitt durch die Mitte des Embryo aus diesem Stadium, wie ihn Fig. 15 darstellt. Was uns zuerst in die Augen fällt, ist das starke Wachsthum des Ectoderms nach dem Rücken zu, welches schon seitlich über die Mitte des Eies hinaus reicht. Auf der Mitte der Bauchseite liegt das Nervensystem, wohl differenzirt in eine mediane Einstülpung und die Seitenstränge, in denen man je einen Längsfasernervenstamm als hellen Fleck erkennen kann. Die Darmwülste mit ihrer Muscularis haben sich bedeutend in die Länge gestreckt, sich jedoch auf der Bauchseite noch nicht bis zur

Berührung genähert. Ein grosser Unterschied gegen früher ist das Auftreten der definitiven Leibeshöhle.

In Bezug auf die Bildung der Leibeshöhle bin ich anderer Ansicht als Heider[1]). Nach Heider soll die Bildung derselben zuerst auftreten durch Abhebung des Keimstreifens vom Dotter in einem Stadium, welches ungefähr dem von Fig. 8 bei mir entspricht; dann sollen die Segmentalhöhlen, oder wie Heider sie nennt, die Ursegmenthöhlen, nach diesem Hohlraum hin durchbrechen, um sich dann in einem späteren Stadium wieder zu schliessen, um in noch älteren Stadien sich abermals nach diesem Hohlraum zu öffnen. Ich muss nun bemerken, dass ich dieses Abheben des Keimstreifens vom Dotter für ein Kunstprodukt halte, hervorgerufen durch das Conserviren oder Schneiden. Während ein Theil meiner Präparate, bei gleicher Entwickelungsstufe, dieses Abheben des Keimstreifens deutlich zeigte, konnte man bei anderen Eiern davon keine Spur bemerken. Auch habe ich von dem Durchbrechen der Segmentalhöhlen nach dem Hohlraum und darauf erfolgendes Schliessen u. s. w. durchaus nichts bemerken können. Vielmehr ist der Vorgang nach meinen Untersuchungen folgender.

Zur Zeit, wenn die Darmwülste mit ihrer Muscularis sich zu strecken beginnen, vergrössert sich das Lumen der Segmentalhöhlen, indem die Begrenzungszellen derselben nach der Ventralseite zu auseinanderweichen, und sich die Muscularis etwas vom Mesoderm abzuheben beginnt. Die Anlage der definitiven Leibeshöhle geschieht also von der in Fig. 14 mit einem Kreuz bezeichneten Stelle aus, und hat zuerst die Gestalt eines spitzen Dreiecks, dessen Basis von der Segmentalhöhle eingenommen wird. Durch fortschreitende Abhebung der Muscularis vom Mesoderm vergrössert sich dann schliesslich der Hohlraum, bis wir das in Fig. 15 gezeichnete Bild erhalten.

Wie wir sehen, ist diese Art der Anlage der Leibeshöhle von der von Heider beschriebenen wesentlich verschieden. Die definitive Leibeshöhle nimmt also von den Segmentalhöhlen aus ihren Ursprung und entsteht einfach durch Spaltung des Mesoderms, denn wie oben beschrieben, legen sich ja die Segmentalhöhlen an durch Spaltung des Mesoderms, und da die Muscularis mesodermalen Ursprunges ist, ist auch die definitive Leibeshöhle entstanden durch eine

---

[1]) l. c.

Spaltung der Zelllagen des Mesoderms. Dieselben Vorgänge sind von mir ja auch für *Musca* beschrieben worden, bloss mit dem Unterschied, dass dort sich die Darmwülste nebst ihrer Muscularis vom Mesoderm abheben und der dadurch entstehende Hohlraum die Leibeshöhle darstellt, ohne dass ein vorhergehendes Auftreten von Segmentalhöhlen zur Beobachtung kam.

In Bezug auf die weitere Entwickelung des Mitteldarmes ist wenig mehr zu bemerken. Die Darmwülste wachsen nach der Ventralseite immer weiter, bis sie sich schliesslich berühren, während gleichzeitig das Ectoderm dorsalwärts sich ausdehnt. Endlich schliesst sich das Ectoderm auf dem Rücken und ebenso der Mitteldarm, der dann aus einer einfachen Lage cylindrischer Zellen besteht.

Die Anlage der Tracheen erfolgt in der von Kowalewsky [1]) und Heider [2]) richtig beschriebenen Art und Weise durch taschenförmige Einstülpungen des Ectoderms in den einzelnen Segmenten, und zwar je 8 Einstülpungen in den Abdominalsegmenten und einer im Thorax, die auch als Stigmata persistiren.

Die Dotterzellen haben, und darin kann ich Heider's Angabe vollkommen bestätigen, am Aufbau des Embryos gar keinen Antheil. Einen Zerfall des Dotters in einzelne Ballen habe ich nur einmal an einem jungen Stadium aufgefunden, für gewöhnlich ist davon bei *Melolontha* nichts zu bemerken.

In Bezug auf das Nervensystem kann ich Hatschek's und Heider's Angaben bestätigen. Es entsteht aus den Seitensträngen und dem vom Ectoderm aus eingestülpten Mitteltheil, aus dem sich die Quercommissuren bilden. Die Anlage des Gehirns habe ich nicht verfolgt.

Die Imaginalscheiben für die Flügel werden in der Weise, wie es Weissmann beschreibt, angelegt und zwar sehr früh, sofort nachdem sich der Mitteldarm fertig ausgebildet hat.

In Bezug auf die Geschlechtsorgane kann ich bemerken, dass dieselben sehr früh angelegt werden und zwar zu der Zeit, wo die Darmwülste sich am Bauch zu schliessen beginnen und die Leibeshöhle sich fertig gebildet hat. Sie werden vom Mesoderm aus

---

[1]) l. c.
[2]) l. c.

gebildet und liegen am hinteren Ende des Eies als ein Paar birnförmiger Gebilde, umgeben von einer starken, ringförmigen Zellenmasse mit grossen Kernen. Aufzufinden sind sie sehr leicht, da sie stets am Schlusse der letzten Segmentalhöhle, derselben angelagert, sichtbar sind. Aus Mangel an Zeit kann ich leider darauf nicht näher eingehen, vielleicht komme ich später einmal darauf zurück. Später rücken sie etwas nach dem Rücken hinauf und liegen rechts und links vom Rückengefäss.

Wir haben nun aus vorliegender Arbeit ersehen, dass in der Bildung des Mitteldarmes bei *Melolontha* und *Musca* vollständige Uebereinstimmung herrscht. Es liegt mir fern, daraus irgend welche Verallgemeinungen ableiten zu wollen, jedoch möchte ich zu bedenken geben, ob nicht auch bei anderen Insectenklassen die Bildung des Mitteldarmes einen ähnlichen Verlauf nehmen könnte.

Bei *Lepidopteren* beschreibt Hatschek das Entoderm als Zellmasse von ganz geringer Ausdehnung, die auf den vordersten Theil des Keimstreifens beschränkt ist. Seine Entodermzellen, seine Anlage des Mitteldarmes, legen sich dem Oesophagus dicht an. Er hat diese Verhältnisse nicht näher untersucht; es wäre ja möglich, dass ihm die Anlage im hinteren Theil des Eies entgangen ist, und die Ectodermzellen einen ähnlichen Ursprung wie bei *Melolontha* und *Musca* nehmen.

Kowalewsky[1]) und Grassi[2]) beschreiben für *Apis* die Anlage des Mitteldarmes auch als vom vorderen und hinteren Pol aus ihren Ursprung nehmend.

Cholodkowsky[3]) gibt in seiner vorläufigen Mittheilung im Zool. Anzeiger ein Querschnitt durch ein Ei von *Blatta*, welches ungefähr dasselbe Bild wie bei *Melolontha* aus dem entsprechenden Stadium darbietet; sein Entoderm oder die Mitteldarmanlage zeigt denselben Anblick, wie bei dem Maikäfer. Entstehen soll das Entoderm durch seitliche Abspaltung vom Mesoderm aus.

Ich möchte nun vermuthen, dass auch hier die Mitteldarmanlage aus einer vorderen und hinteren Parthie ihren Ursprung

---

[1]) l. c.
[2]) Grassi, B: Interno allo sviluppo delle Api nell'nove in: Atti. Loc. Acad. Given. Scienz. Nat. Catania, Vol. 18, ser. 3.
[3]) Cholodkowsky: Ueber die Bildung des Entoderms bei *Blatta germanica*, in: Zool. Anz. 1888, No. 275.

nehmen und sich in Bezug auf die erste Anlage in Uebereinstimmung mit meinen Ergebnissen erweisen könnte.

Wesshalb bei Insecten die Streitfrage über die erste Anlage des Mitteldarmes noch nicht erledigt ist, dürfte vielleicht seine Ursache in den grossen Schwierigkeiten haben, mit denen es verknüpft ist, diese erste Anlage zu Gesicht zu bekommen. Ich habe unter 35 Eiern, die ich von dem Stadium, in welchem die Bildung des Mitteldarmes eben begonnen hatte, geschnitten habe, nur drei gefunden, in welchem die erste Anlage des Mitteldarmes am Vorder- und Enddarm sichtbar war, stets war die Mitteldarmanlage schon weiter entwickelt und reichte eine Strecke weit nach der Mitte, und bloss diese erste Anlage kann Aufschluss über den Ursprung der Mitteldarmzellen geben. Es folgt, wie es scheint, die erste Anlage des Mitteldarmes und die Ausbildung der Darmwülste sehr rasch aufeinander und ist vielleicht aus diesem Grunde bis jetzt den betreffenden Autoren entgangen.

Jedenfalls ist die Frage nach der Anlage des Mitteldarmes einer erneuten Untersuchung werth, und werde ich, sowie mir Material und Zeit zur Verfügung steht, diese Verhältnisse bei *Blatta* untersuchen.

Würzburg, den 2. October 1888.

Figuren-Erklärung.

Tafel V.

Ueberall bedeutet:

ec = Ectoderm. en = Entoderm.
m = Mesoderm. vd = Vorderdarm.
md = Mitteldarm. ed = Enddarm.
dw = Darmwülste. dz = Dotterzellen.

Fig. 1. Querschnitt durch das hintere Ende des Vorderdarmes. Oberhalb des Vorderdarmes erkennen wir die Mitteldarmanlage md als Wucherung der Vorderdarmwandung.

„ 2. Schnitt durch das blinde Ende des Vorderdarmes desselben Stadiums wie Fig. 1. Bei md die Mitteldarmanlage, die im nächsten Schnitt verschwindet.

„ 3, 4 u. 5. Ein etwas älteres Stadium.

„ 3. Schnitt durch das hintere Ende des Vorderdarmes. Das blinde Ende des Vorderdarmes geht in die Darmwülste über, die gegen das Mesoderm scharf abgesetzt sind.

   n = erste Anlage des Bauchmarkes.

   p = Anlage des ersten Extremitätenpaares. Das Ectoderm setzt sich nach oben in das Amnion fort. Im Dotter einige Dotterzellen.

„ 4. Der darauffolgende Schnitt. Die Darmwülste breiten sich seitlich aus.

„ 5. Ein paar Schnitte weiter. Die Darmwülste haben sich seitlich noch weiter ausgedehnt und in der Mitte voneinander getrennt. Am Nervensystem lässt sich der Mitteltheil als Einstülpung und die Anlage der Seitenstränge unterscheiden.

„ 6, 7, 8 u. 9. Schnitte aus einem etwas älteren Stadium.

„ 6. Querschnitt durch den Kopftheil.

   sp = Speicheldrüsen. sm = Saugmagen.
   op = Ausmündung der mc = Anlage der Muskulatur des
   Speicheldrüsen.   Vorderdarmes.

„ 7. Querschnitt kurz hinter dem blinden Ende des Vorderdarmes. Die Darmwülste sind in der Mitte getrennt und haben sich seitwärts dem Mesoderm angelegt. Das Nervensystem zeigt den Mitteltheil und die beiden Seitenstränge n.

„ 8. Querschnitt durch das Ei kurz vor dem Aufhören der Darmwülste.

   sh = Segmentalhöhlen.

   mc = Die der Segmentalhöhle anliegende Muscularis des Mitteldarmes. Nervensystem lässt eine Quercommissur erkennen.

Fig. 10. Querschnitt durch dasselbe Ei, ein paar Schnitte weiter nach hinten die Darmwülste sind verschwunden.

„ 11. Schnitt durch das hintere Ende desselben Eies. Die Darmwülste reichen bis weit in den Dotter hinein und schnüren ventralwärts eine Dotterparthie ab, die von Mesodermzellen eingeschlossen ist. Oben zwischen den Darmwülsten die letzten Zellen des Enddarmes.

„ 11. Zwei Schnitte weiter nach hinten. Enddarm mit weitem Lumen erkennbar, zieht sich nach oben in eine Lage spindelförmiger Zellen aus. Darmwülste gehen in die Wandung des Enddarmes über, Enddarm zeigt beginnende Anlage der Malphigischen Gefässe.

„ 12. Anlage der Malphigischen Gefässe, deutlich erkennbar als Ausstülpungen des Enddarmes; Darmwülste bis auf ein Rudiment verschwunden. Nervensystem lässt quergeschnittene Längsnervenfaserstränge erkennen als holle Flecke in den Seitensträngen.

„ 13. Dasselbe Ei ein paar Schnitte weiter nach hinten. Enddarm als starkwandiges sechseckiges Rohr sichtbar, seitlich von demselben die sechs Malphigischen Gefässe.

„ 14. Ein etwas älteres Stadium. Vergr. $^{300}/_1$. Darmwülste und Muscularis strecken sich. Muscularis noch nicht differenzirt in Ring- und Längsmuskulatur.

„ 15. Querschnitt durch die Mitte eines etwas älteren Eies. Leibeshöhle fertig gebildet durch Spaltung des Mesoderms bei + in Fig. 14.

mph = Malphigische Gefässe. Lh = Leibeshöhle.

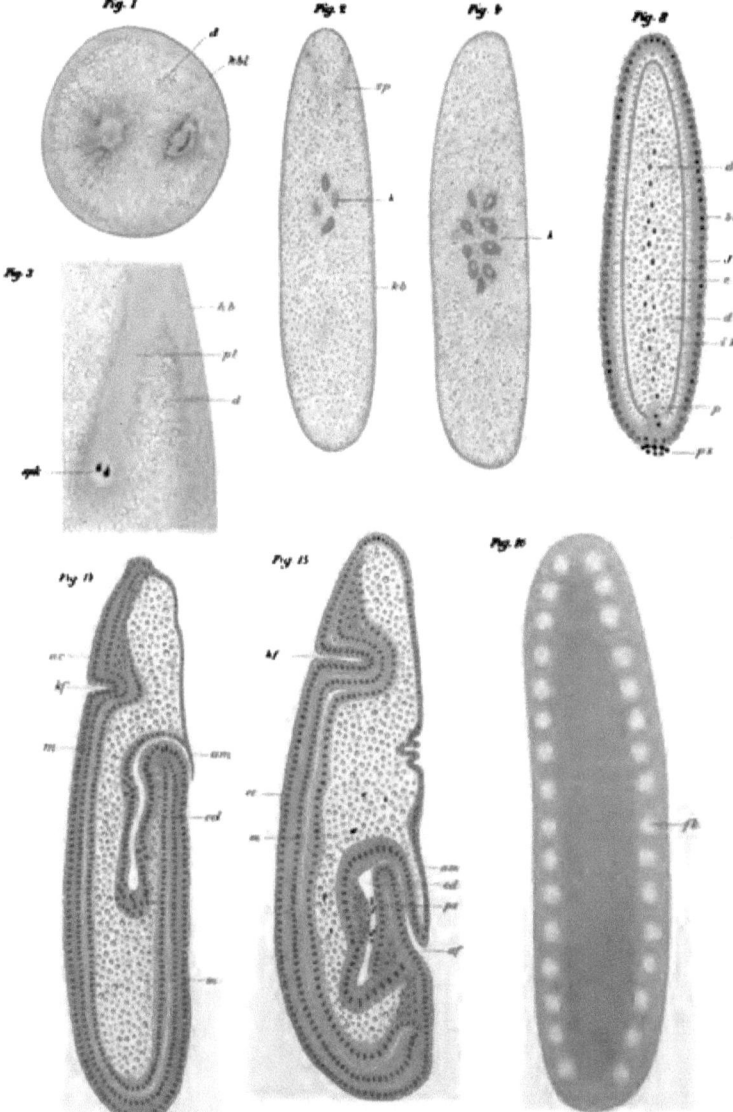

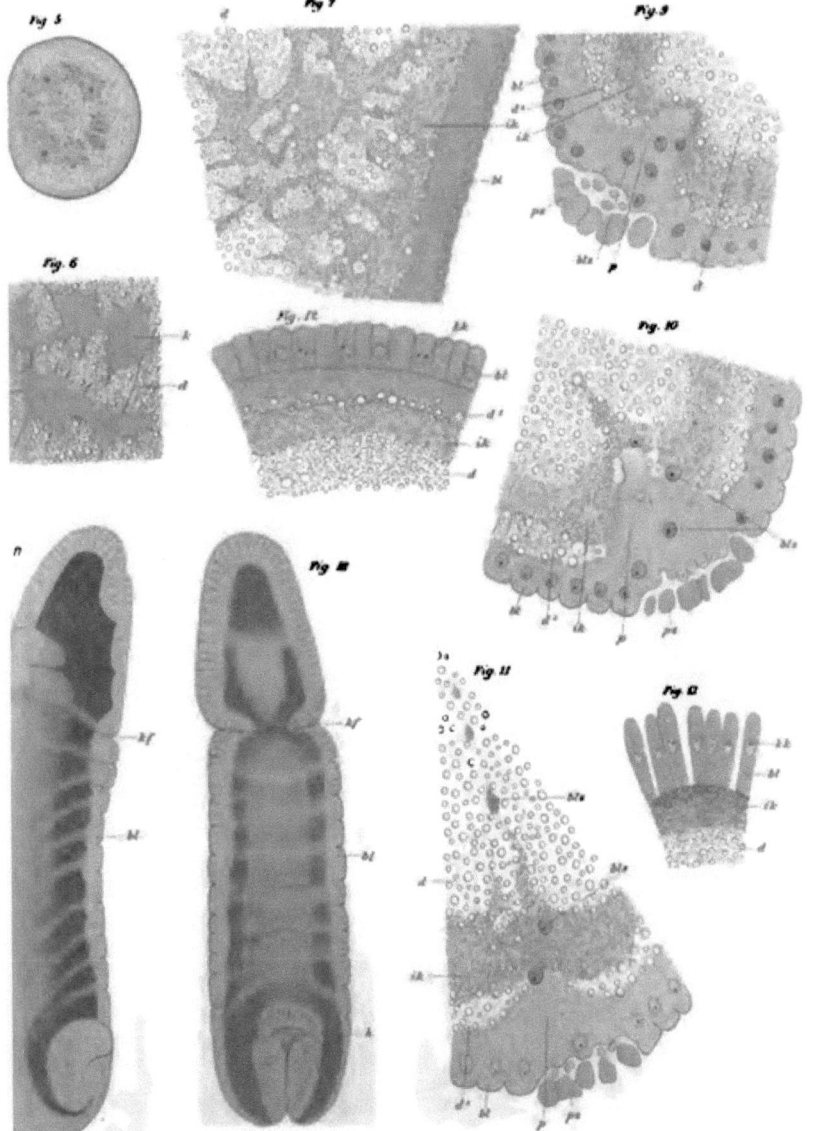

Taf. I.

Arbeiten a.d. zool. zoot. Institut Würzburg. Bd. IX.

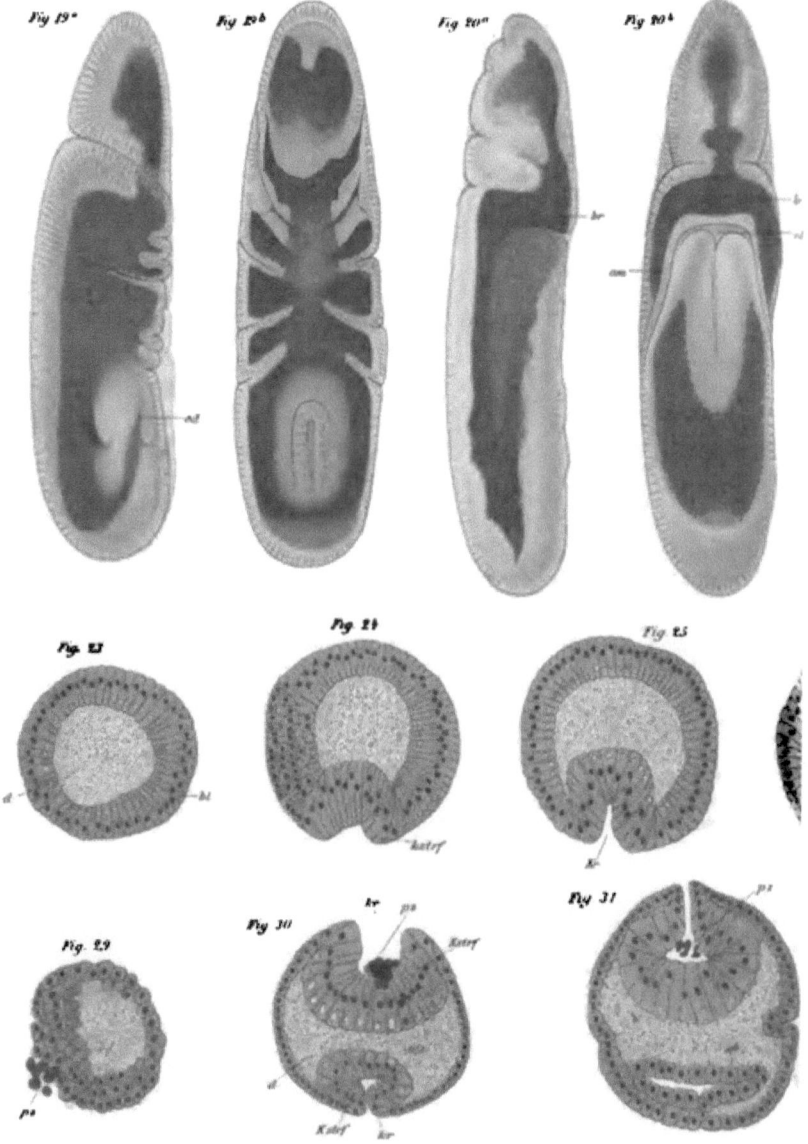

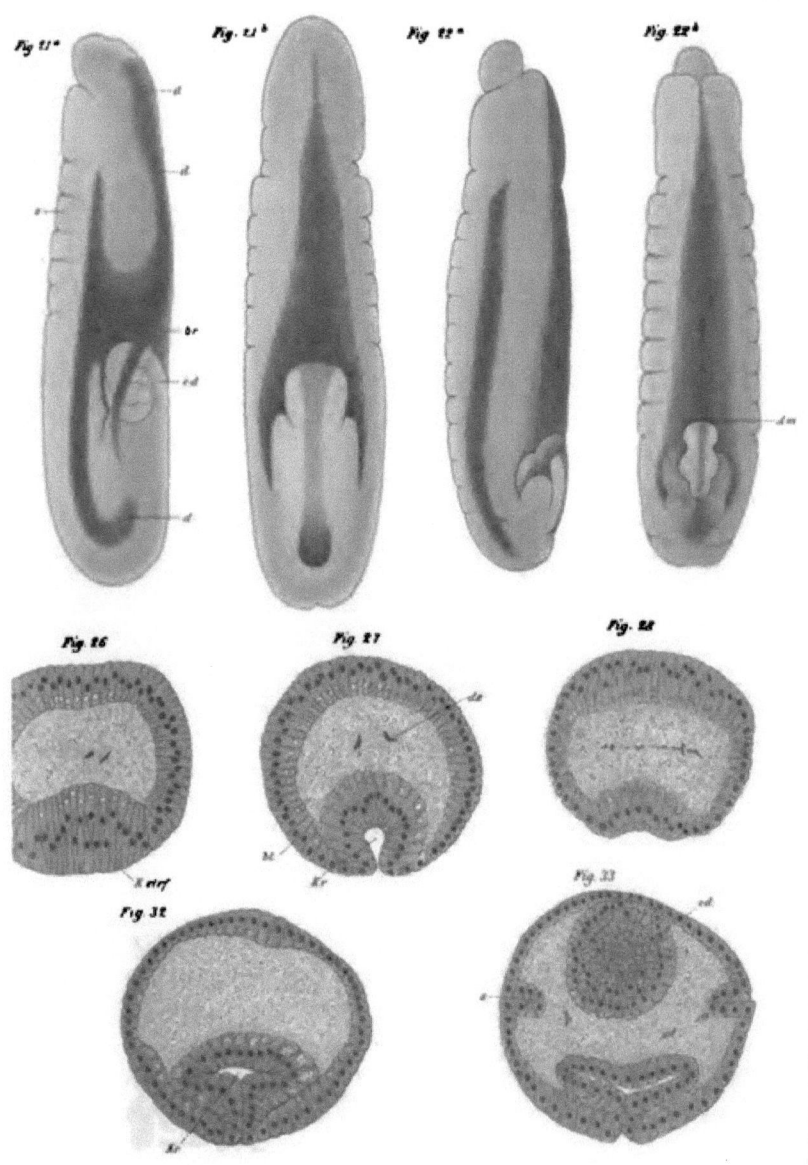

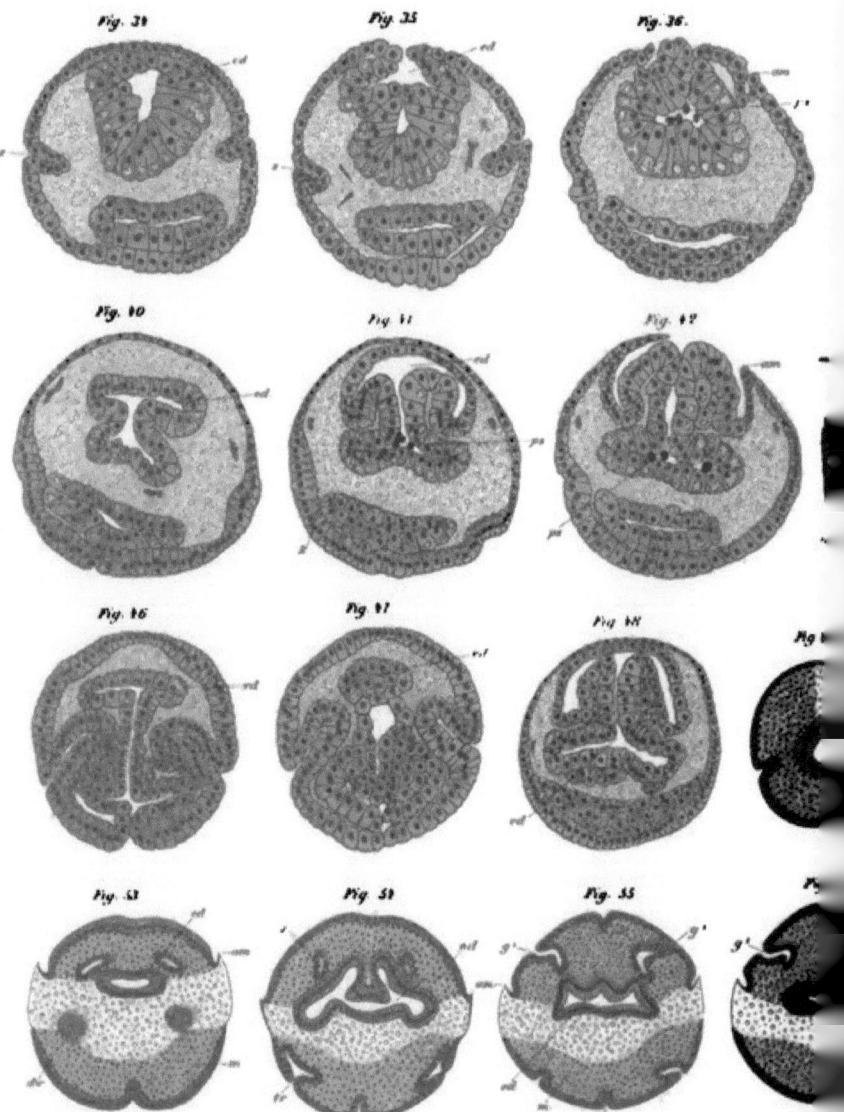

Arbeiten a. d. zool. zoot Institut Würzburg. Bd. IX.

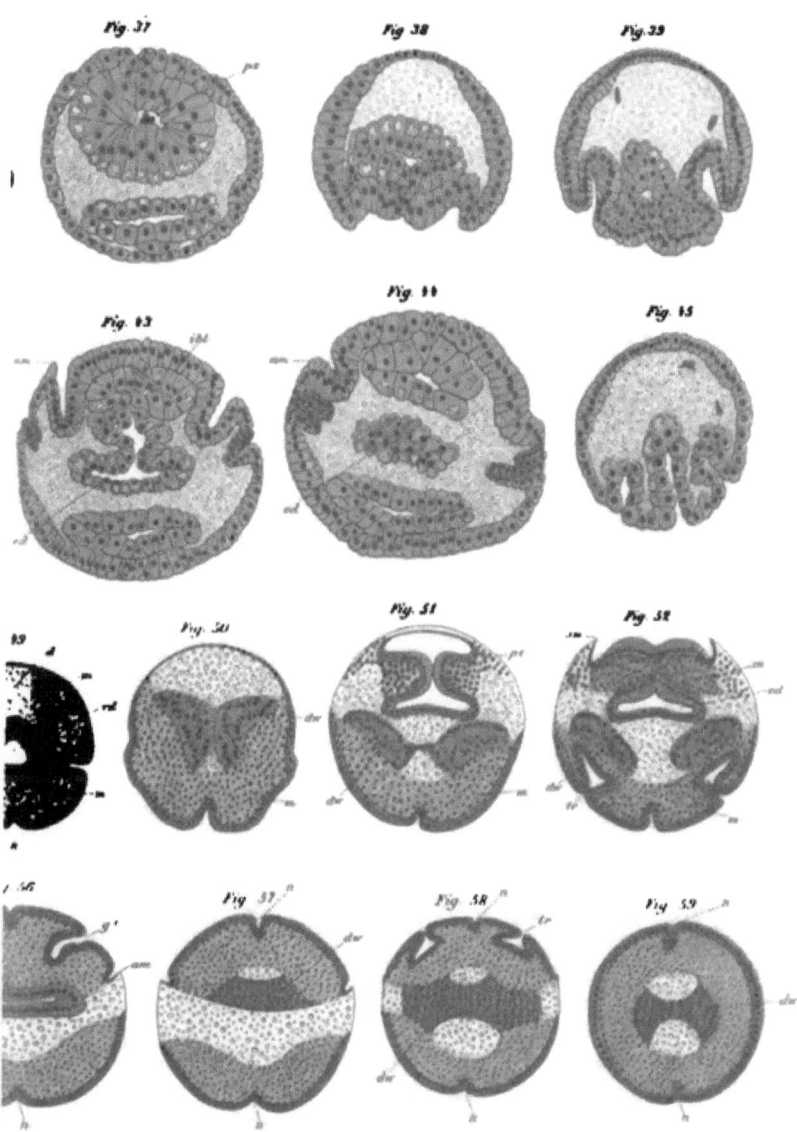

Taf. III.

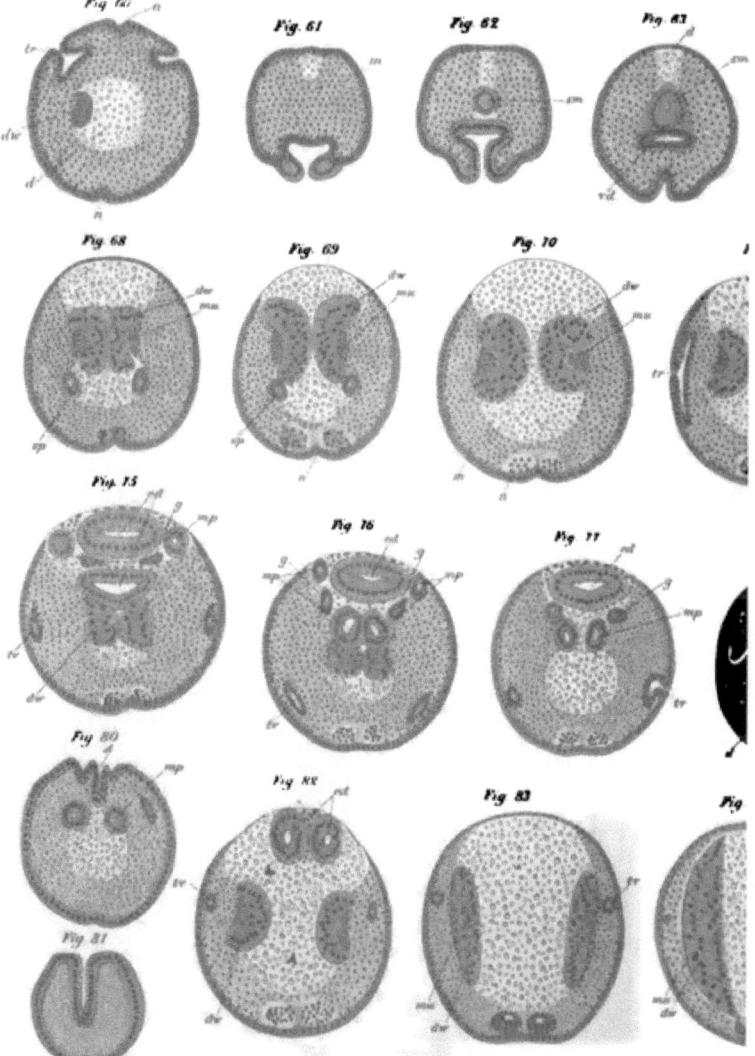

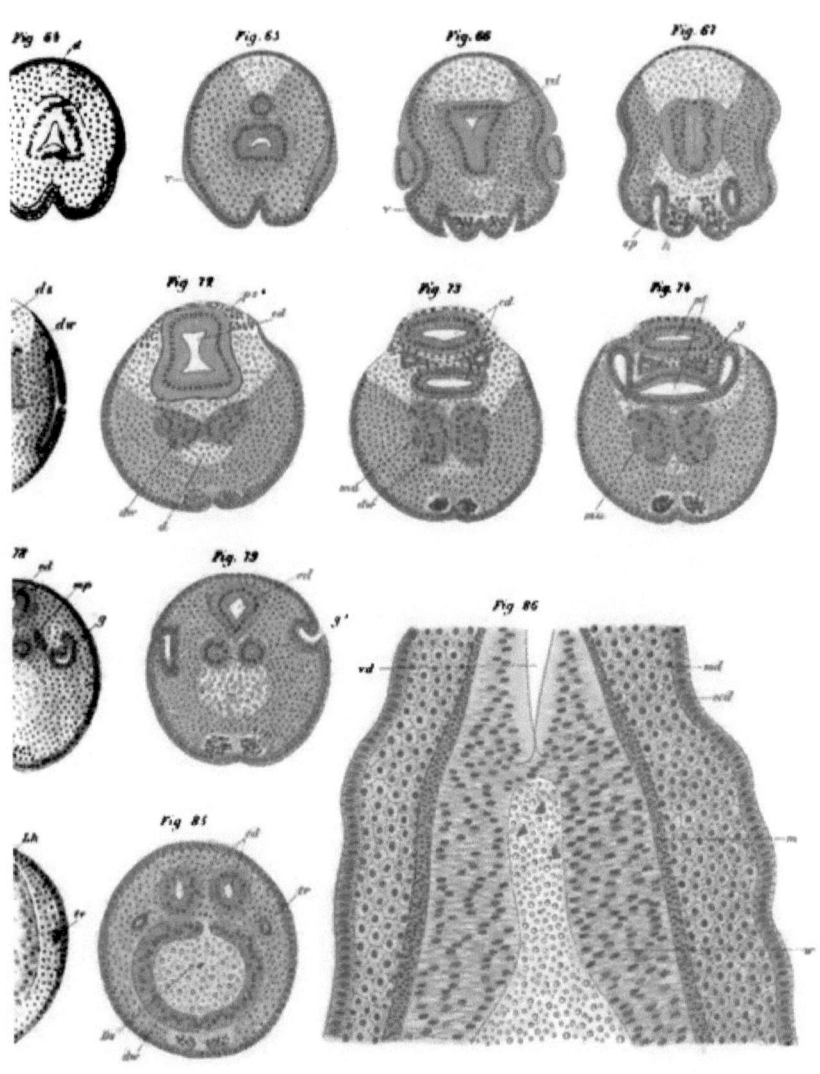

Arbeiten a. d. zool. zoot. Institut Würzburg Bd. IX.

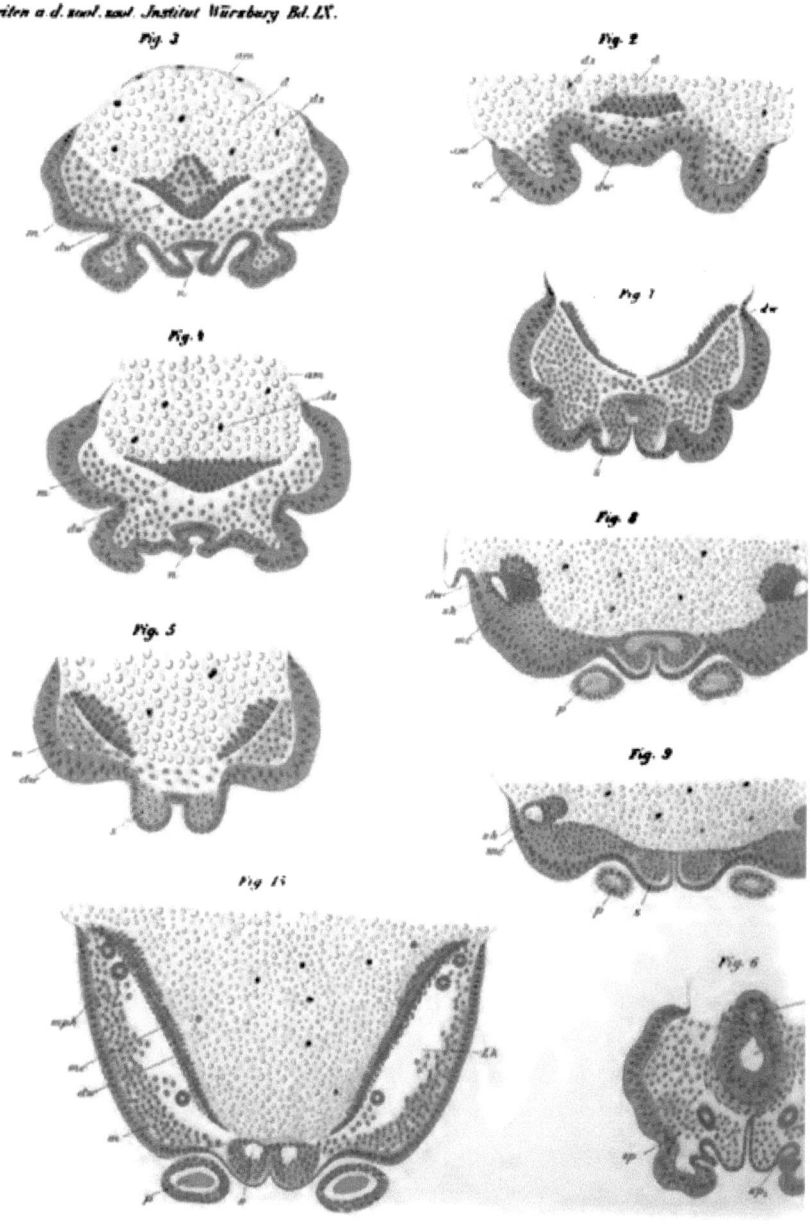

W. Kreidel's Verl.

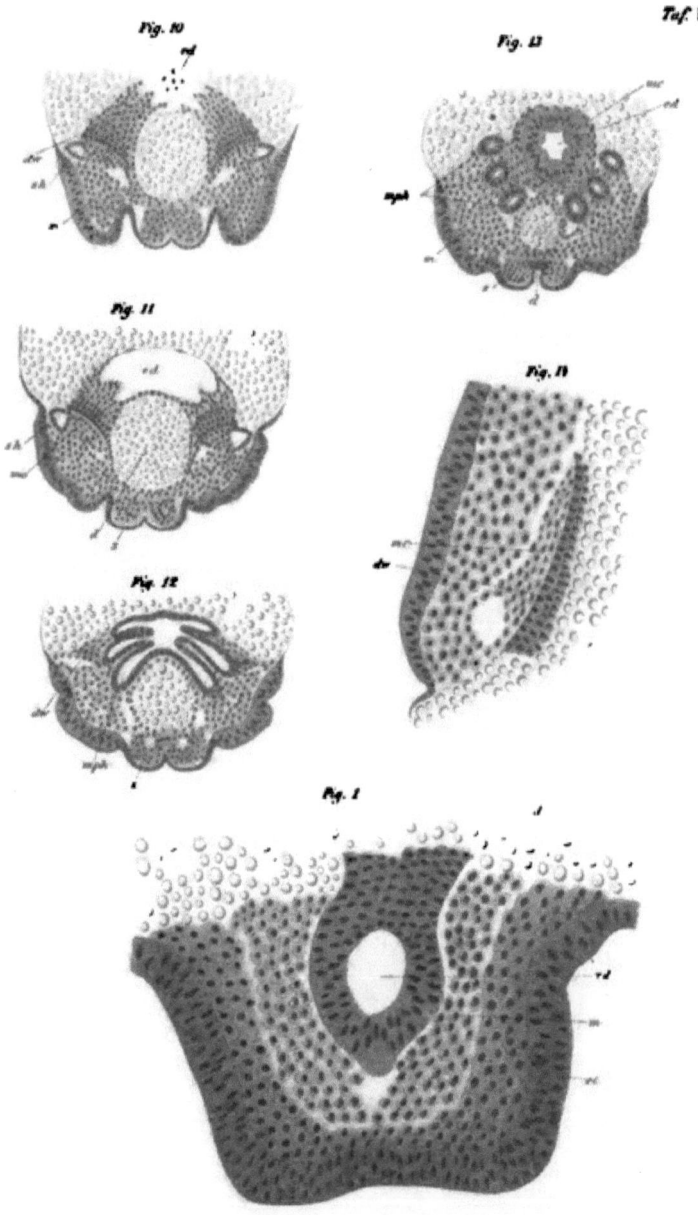

Taf. V.